IAITH HEB FFINIAU

IAITH HEB FFINIAU

Magu'r Gymraeg Dramor

Golygydd:
Sioned Erin Hughes

Argraffiad cyntaf: 2024

Hawlfraint:
Testun: Sioned Erin Hughes
Cyhoeddiad: Gwasg Carreg Gwalch
Lluniau: y teuluoedd

Cedwir pob hawl.
Ni chaniateir atgynhyrchu unrhyw ran o'r cyhoeddiad hwn,
na'i gadw mewn cyfundrefn adferadwy, na'i drosglwyddo
mewn unrhyw ddull na thrwy unrhyw gyfrwng, electronig, electrostatig,
tâp magnetig, mecanyddol, ffotogopïo, recordio, nac fel arall,
heb ganiatâd ymlaen llaw gan y cyhoeddwyr, Gwasg Carreg Gwalch,
12 Iard yr Orsaf, Llanrwst, Dyffryn Conwy, Cymru LL26 0EH.

ISBN clawr meddal: 978-1-84527-810-6

ISBN elyfr: 978-1-84524-614-3

Cyhoeddwyd gyda chymorth Cyngor Llyfrau Cymru

Cynllun clawr: Tanwen Haf

Cyhoeddwyd gan Wasg Carreg Gwalch,
12 Iard yr Orsaf, Llanrwst, Dyffryn Conwy, Cymru LL26 0EH.
Ffôn: 01492 642031
e-bost: llyfrau@carreg-gwalch.cymru
lle ar y we: www.carreg-gwalch.cymru

Argraffwyd a chyhoeddwyd yng Nghymru

CYNNWYS

Gair gan y Golygydd   7

Teulu Siôn Pennar   8

Teulu Gwydion Lyn   14

Teulu Esyllt Nest   22

Teulu Catrin Scheiber   32

Teulu Andrew Dixey   42

Teulu Llŷr Rowlands   50

Teulu Lois Holmes   58

Teulu Tracey Woods   66

Teulu Nia Price   74

Teulu Debbie Jones   82

Teulu Elinor Young   90

Teulu Wil Davies   98

GAIR GAN Y GOLYGYDD

Mae adlewyrchu ar greadigaeth wedi i rywun ei gorffen yn deimlad unigryw iawn. Mae rhywun yn cofio'r cyfarfodydd cyntaf – yr egin syniad, yr angerdd casgliadol a'r gobaith distaw y bydd popeth yn cael ei wireddu yn y pen draw. Mae rhywun yn taflu calon ac enaid at fol y prosiect wedyn, yn dal eu gwynt, bron, tan iddyn nhw gyrraedd y llinell derfyn. Dim ond o gyrraedd y llinell derfyn maen nhw'n sylwi eu bod wedi dal eu gwynt cyhyd.

Teimlad felly oedd dod â'r gyfrol hon at ei gilydd. Mi wnes i ymgolli'n llwyr yn y bwrlwm, a gwrthod codi fy mys oddi ar y pwls tan imi orffen. A'r cwbl sydd gen i i'w ddweud ar y diwedd fel hyn ydi – am fraint. Y fath fraint o gael fy nethol i godi'r straeon pwysig hyn at wyneb yr haul. Gyda phob cyfarfod â'r teuluoedd hyn, roedd yna fendith ychwanegol ar fy mywyd. Dim gweniaith, dyma'r gwir. Mae cysylltiadau rhwng pobl yn werthfawr tu hwnt. Dyna lle mae'r aur. A beth sy'n galluogi hyn i gyd? Iaith.

Mae iaith yn rhywbeth mor dlos. Mae'r Gymraeg yn *eithriadol* o dlos, dyna'r gwir amdani. Rydan ni mor ffodus ohoni. Finnau wedyn ddim yn credu bod modd dyfnhau mwy ar fy synnwyr o Gymreictod, ond dyna'n union a ddigwyddodd dros y misoedd diwethaf wrth gyfarfod â'r teuluoedd arbennig hyn. Diolch am agor ychydig ar gil y drws imi, a'm croesawu i wrando ar eich straeon. Mae'n braf iawn cael dweud hefyd bod yna fwy o agor wedi bod ar y drws yn achos teulu Llŷr Rowlands – rydw i erbyn hyn yn rhoi gwersi Cymraeg i'w ferched, Efa a Nia, bob wythnos!

Yn wyneb bob sôn bod y Gymraeg ar dranc, fy ngobaith ydi y bydd y gyfrol hon yn ffisig i'r galon. Mae gennym ni gymaint i'w ddathlu yn dal i fod, rydw i'n addo hynny. Y gyfrol hon ydi'r prawf sicraf o hynny.

Rhannwyd eu straeon gan gadw'n driw i'w lleisiau a'u tafodieithoedd eu hunain.

Sioned Erin Hughes

TEULU SIÔN PENNAR

Teulu – Siôn Pennar, ei wraig, Gosia a'u merch, Ola Gwenllian
O le yn wreiddiol Porthmadog
Lle maen nhw rŵan? Poznań, Gwlad Pwyl

Rho ychydig o dy gefndir imi – o le wyt ti'n dod yn wreiddiol, dy addysg, a pha mor fyw oedd y Gymraeg wrth dyfu i fyny?

Ges i fy magu yn bennaf ym Mhorthmadog. Mae fy mam yn rhedeg Siop Eifionydd, sy'n siop lyfrau Gymraeg, a'm llystad yn feddyg yng Nghricieth. O'r ochr yma i'r teulu, mae gen i frawd a chwaer, a'r teulu i gyd wedi'u gwreiddio'n ddwfn yn yr ardal. Cymraeg oedd iaith bob dim, o fywyd yn y siop i fywyd cymdeithasol. Ac mae'r siop – sy'n bodoli ers dros hanner canrif, ac a oedd ym meddiant fy nain a'm taid a'm modryb am flynyddoedd – yn dipyn o sefydliad yn ei hun.

Ac wedyn mae gen i ochr arall y teulu, sef fy nhad a fy llysfam, sy'n byw yng Nghaerdydd. Mae gen i frawd yno hefyd, a theulu Cymraeg eu hiaith eto. Mae sawl perthynas imi ar y ddwy ochr wedi bod ynghlwm â Chymdeithas yr Iaith, y protestiadau a chwffio dros barhad i'r Gymraeg, ac mae hynny wastad wedi bod yn etifeddiaeth mae rhywun wedi bod yn falch iawn ohoni. Roedd fy nhadcu, Pennar Davies, yn ysgolhaig ac yn fardd, ac mae'r ochr honno o'r teulu yn arbennig o ddiddorol achos ei fod o wedi'i fagu ar aelwyd ddi-Gymraeg yn Aberpennar, ond wedi gwneud y penderfyniad i droi at y Gymraeg yn ddiweddarach. Roedd ei wraig o, Mam-gu, yn ffoadur o'r Almaen, a Chymraeg oedd yr iaith ro'n i'n ei siarad efo hithau hefyd.

Cymraeg, felly, oedd bob dim, mewn gwirionedd. Es i i'r ysgol ym Mhorthmadog. Roedd yr ysgol gynradd yn arbennig o Gymreig, er bod rhai o'r plant efallai wedi cael eu magu, nid o angenrheidrwydd ar aelwydydd di-Gymraeg, ond ar aelwydydd lle roedd y Saesneg yn brif iaith. Yn yr ysgol uwchradd roedd dylanwad y Saesneg rhywfaint yn gryfach. Ond Cymraeg oedd yr iaith ro'n i'n ei gymdeithasu ynddi, a phrin oedd yr rheiny nad o'n i'n siarad Cymraeg efo nhw. Es i ymlaen i'r Chweched yng Ngholeg Meirion Dwyfor, Pwllheli, ac eto, addysg Gymraeg oedd i'w chael yno, a bywyd cymdeithasol. Hefyd, ro'n i'n dod i nabod pobl o Ben Llŷn yno, ac mi wnaeth hynny gyfoethogi fy mywyd Cymreig – y mynd i gigs a'r chwarae mewn band!

Yn ddeunaw, mi es i'r brifysgol yng Nghaeredin. Ro'n i isio'r profiad o fyw tu allan i Gymru ar y pwynt hwnnw, ac mi es i yno i astudio Ffrangeg. Mi wnes i fwynhau hynny'n fawr – bod mewn dinas arall, bod mewn *dinas*, o ran hynny – ac mae'n lle eithaf arbennig. Dwi'n dipyn o ramantydd, felly roedd y bensaernïaeth gothig yn fy atynnu'n syth bìn. Mi fues i hefyd yn astudio am flwyddyn yn Toulouse, Ffrainc. Roedd yn brofiad gwych i gael byw mewn cyddestun iaith gwahanol eto, magu hyder wrth siarad Ffrangeg yn ddyddiol, a dod i adnabod pobl o wahanol gefndiroedd – a rhai ohonyn nhw hefyd yn siarad ieithoedd lleiafrifol.

Es i'n ôl i Gaeredin yn haf 2012 i raddio, ac ar y pwynt hwnnw, doedd gen i ddim llawer o ddim byd i'w wneud, nac unrhyw gynlluniau penodol. Roedd gen i ddau ffrind oedd yn gweithio yng Ngwlad Pwyl yn dysgu'r Gymraeg ym Mhrifysgol Poznań, ac mi ddywedon nhw wrtha i bod prifysgol arall yn Lublin, yn nwyrain y wlad, yn chwilio am athro Cymraeg. Ymgeisiais am y swydd, ac mi wnes i ei chael hi. Hydref 2012 felly oedd fy mhrofiad cyntaf o fyw yng Ngwlad Pwyl. Roedd hi'n flwyddyn ddiddorol iawn, mynd yn syth o'r coleg a chael rhwydd hynt i ddysgu beth hoffwn i yn yr ystafell ddosbarth, i bob pwrpas. Yn ystod y flwyddyn honno, yn Lublin, y gwnes i gyfarfod Gosia, sydd yn wraig imi erbyn hyn, ac mae hi'n dod o ardal Poznań, sef lle rydan ni'n byw rŵan. Yn ddiddorol iawn, mi wnaethon ni gyfarfod mewn grŵp sgwrsio Ffrangeg, gan fod ganddi hithau gefndir mewn dysgu Ffrangeg.

Es i'n ôl i Brydain yn 2013 i wneud gradd Meistr mewn Llenyddiaeth yn Rhydychen, cwrs a barodd ddwy flynedd, ac mi ymunodd Gosia efo fi ar ôl rhyw flwyddyn. Ges i swydd efo'r BBC fel newyddiadurwr yng Nghaerdydd yn dilyn hynny. Wedi cwpl o flynyddoedd, mi wnaethon ni symud i'r gogledd-ddwyrain, pan ges i fy mhenodi'n ohebydd i wasanaethau newyddion y BBC yno. Yn yr ardal hon cafodd ein merch, Ola, ei geni yn 2019. Mi gafodd fagwraeth dairieithog, gan fynd i feithrinfa a chylch meithrin yn yr Wyddgrug, cyn symud i Poznań ddiwedd haf 2023.

Mi awn yn syth at dy ferch, Ola. Roeddet ti'n dweud ei bod hi'n dairieithog – alli di fanylu mwy ar hynny?

Pan gafodd Ola ei geni yn 2019, doedd yna ddim cwestiwn ynghylch ei magu mewn dwy iaith yn bennaf, sef Cymraeg a Phwyleg. Roedd hynny'n benderfyniad hawdd, er ei fod wedi synnu lot o bobl dros y blynyddoedd – mae 'na waith esbonio i'w wneud ynghylch hynny yn aml. Yn y ddwy flynedd gyntaf, roedd ei datblygiad ieithyddol hi'n eithaf sydyn a dweud y gwir. Dwi'n meddwl ei bod hi'n deg dweud bod ei gallu yn y ddwy iaith yn eithaf tebyg yn y cyfnod hwn. Roedd hi'n mynd i feithrinfa Saesneg ei hiaith am gyfnod hefyd, oedd yn ddiddorol, achos yn amlwg, mi ddaeth hi i ddefnyddio a deall Saesneg yn eithaf sydyn. Rydan ni'n siarad dipyn o Saesneg ar yr aelwyd hefyd, felly mae'n clywed yr iaith honno drwy'r adeg.

Unwaith roedd hi'n gymwys, mi ddechreuodd Ola fynd i gylch meithrin Cymraeg. Mi olygodd hyn bod ei Chymraeg hi wedi cael y cyfle i flodeuo mewn sefyllfa gymdeithasol. Ffactor arall ar ei datblygiad ieithyddol, wrth gwrs, oedd y pandemig. Mi gyfyngodd hynny ar ein gallu ni i ddod i Wlad Pwyl i weld teulu, felly am flwyddyn neu ddwy Gosia, mwy neu lai, oedd ei hunig ffynhonnell o Bwyleg.

Beth ro'n i'n sylwi arno efo'i datblygiad, yn fwy cyffredinol, yw'r hyn maen nhw'n ei alw yn y Saesneg yn *developmental leaps*, lle mae plentyn yn datblygu'n sydyn. Mae Ola wedi cael sawl cyfnod fel 'na, a dwi'n meddwl ein bod ni'n mynd drwy gyfnod tebyg rŵan. Bob tro rydan ni'n sylwi ar hynny, mae un iaith yn tueddu i ddyrchafu'r llall.

Dwi ddim yn meddwl bod yna ddim un o'r ddwy iaith yn tra-arglwyddiaethu dros y llall, ond mae wedi newid dros y blynyddoedd ac ar hyn o bryd, dwi'n meddwl ei bod hi'n deg i ddweud bod y Bwyleg yn gryfach gan ei bod hi'n cael yr iaith yn yr ysgol feithrin ac mewn sefyllfaoedd cymdeithasol. Ond eto, mae'r ddwy iaith yn tueddu i ddylanwadu ar ei gilydd o ran safon, a phan ddaeth Mam draw yn yr hydref, mi ddywedodd hithau yr un fath. Mi roedd hi'n gweld bod ei brawddegau hi'n fwy cymhleth ac yn aml-gymalog, ac yn y blaen.

Dwi ddim yn teimlo bod ei thairieithrwydd adra wedi effeithio arni'n negyddol mewn unrhyw ffordd; dwi'n meddwl mai dim ond buddion sydd yna. Dwi'n gweld bod ganddi ddiddordeb mewn ieithoedd gwahanol yn barod, ac wrth gwrs, mae'n ddiddordeb sydd gen i a Gosia hefyd. Rydan ni wedi mynd ati i feithrin ei diddordeb mewn ieithoedd yn gyffredinol, nid yn unig yr ieithoedd rydan ni'n eu siarad adra. Felly, gawn ni weld sut y bydd hi.

Oes yna drefn benodol o ran yr ieithoedd rydych chi'n siarad adref, neu a oes yna lawer o fownsio rhwng ieithoedd yn digwydd?

Yn fras, mae'n fodel un rhiant un iaith. Dwi'n siarad Cymraeg efo Ola, mae Gosia yn siarad Pwyleg efo hi. Ond mae'r ffiniau yna wastad wedi bod yn annelwig. O'r cychwyn cyntaf, dwi wedi darllen llyfrau iddi mewn Pwyleg, ac mae Gosia wedi darllen llyfrau iddi yn Gymraeg. Dwi'n meddwl y byddai'n ddiddorol i rywun o'r tu allan ddod a gwrando ar ein sgyrsiau ni. Pwyleg mae Gosia'n ei siarad efo Ola, wrth gwrs, ond pan mae Ola yn syrthio neu rywbeth felly, y peth cyntaf y gwneith Gosia ei ddweud ydi, 'O! cariad bach!'

Mae Gosia, o'r cychwyn cyntaf, wedi bod yn gefnogol i'r syniad o gael y Gymraeg ar yr aelwyd. Mae hi hefyd yn arbennig o gefnogol yn ein cyd-destun daearyddol rŵan. Roedd breuder yr iaith yn amlwg pan oeddan ni'n byw yng Nghymru, ond rŵan, rydan ni yn fan hyn, lle mae'r iaith yn fwy lleiafrifol byth! Felly, mae ei chefnogaeth hi wedi bod yn gwbl, gwbl bwysig. O'r ddau ohonon ni, dwi'n meddwl fy mod i'n fwy styfnig o ran cadw at fy mamiaith efo Ola oherwydd fy nghefndir teuluol, a fy mod i'n ymwybodol o freuder yr iaith.

Mae'r iaith yn rhywbeth *tangible*, rhywbeth fedra i ei basio ymlaen i Ola, ac mae i fyny iddi hi wedyn os bydd hi'n arddel yr iaith yn y dyfodol. Mae yna lawer o Gymry di-Gymraeg sydd ddim yn gweld yr angen i ddysgu'r iaith, ac mae hynny'n gwbl iawn, hefyd. Mae eu hymdeimlad nhw o Gymreictod yn wahanol i f'un i. Ond yn y cartref, mae'r iaith yn ganolog, ac mae'n rhywbeth i'w basio ymlaen yn naturiol, yn enwedig felly gan nad oes elfennau eraill o Gymreictod o gwmpas Ola.

Fyddet ti'n dweud bod dy gydwybod ieithyddol di'n gryfach rŵan a thithau wedi symud i Wlad Pwyl, neu a yw'r cydwybod hwnnw wastad wedi bod yn gryf beth bynnag?

Mae wastad wedi bod yn gryf, ond mae bod dramor yn rhoi rhyw bwysigrwydd ychwanegol iddo. Ar hyn o bryd, mae Ola yn dysgu darllen ac ysgrifennu, ac mae hi'n dysgu'n gyflym – ond dwi wedi bod yn poeni ei bod hi'n mynd i wneud y datblygiadau yma'n rhannol drwy'r ysgol, a bod y Gymraeg o'r herwydd yn mynd i gael ei gadael ar ôl. Ond ar hyn o bryd, mae'n dal i fyny, a bore 'ma, cyn mynd i'r ysgol, roeddan ni'n darllen llyfr Cymraeg. Mae'n ddifyr oherwydd mae'r wyddor Gymraeg a'r wyddor Bwyleg yn eithaf gwahanol o ran sŵn. Weithiau bydd hi'n darllen 'U' fel 'W', er enghraifft, ond unwaith rwyt ti'n ei hatgoffa hi o'r ynganiad Cymraeg, mae hi'n cofio ac mae'n setlo yn ei hymennydd hi.

Y rheswm dwi'n teimlo pwysau ydi gan fy mod i isio iddi allu mwynhau'r profiad Cymraeg yn llawn, ond eto, dwi'n ymwybodol nad ydi ei magwraeth hi yr un peth â fy un i, ac mae hynny'n iawn. Mae hi'n cael magwraeth wahanol gan ei bod hi'n *berson* gwahanol. Dwi'n gweld yn sydyn iawn – ac rydan ni ond wedi bod yma ers tri i bedwar mis – bod angen gweithio'n galed i wneud yn siŵr bod y Gymraeg ddim yn colli ei lle. Dwi'n arbennig o ymwybodol o hynny. Dwi'n ofni nad ydi'r hyn dwi'n gallu ei gynnig iddi yn ddigon iddi allu camu'n ôl i fywyd Cymraeg pe baen ni'n symud yn ôl. Hyd yn oed os fyddwn ni yma'n hirach, dwi eisiau iddi allu treulio hafau draw yng Nghymru a gwneud hynny heb chwithdod. Dwi'n reit hyderus bydd gan y Gymraeg le pwysig yn ei bywyd hi, ond beth yn union fydd hyd a lled hynny, dwi ddim yn gwybod eto.

Dwi'n arbennig o falch ei bod hi'n cael ei magu ar aelwyd amlieithog, mewn dinas. Er enghraifft, pe bydden ni eisiau mynd â hi i grŵp chwarae Sbaeneg, mae byw yma yn ein galluogi ni i wneud hynny. Un peth sydd wedi atal pobl rhag pasio'r Gymraeg ymlaen yng Nghymru yn y gorffennol ydi stigma. Ond does yna ddim stigma benodol ynghlwm â'r iaith Gymraeg yn y fan hyn. A pheth arall ydi, mae'n ddyddiau cynnar inni yma, a gawn ni weld faint o ymwneud â'r Gymraeg a gaiff hi ar lawr gwlad yma, achos mae 'na Gymry eraill yn Poznań, mae yna adran sy'n dysgu'r iaith yn y brifysgol yma – felly mae'n wir nad ydan ni ar ein pennau ein hunain yma chwaith.

Oes yna ffordd i Gymry, ar lawr gwlad yng Nghymru, hwyluso pethau i'r Cymry sy'n byw dramor?

Un o'r pethau dwi'n sicr yn ei fethu ydi troi'r teledu ymlaen a bod Cyw yn cael ei ddarlledu. Roedd hynny'n hawdd, ond mae mynediad at S4C yn broblem dramor gan fod gen ti fynediad at rai rhaglenni, a dim y lleill. Mae wedi bod yn newid eithaf mawr gan fod dy *go-to* di yn wahanol. Rydan ni'n gwrando ar lot o gerddoriaeth Gymraeg ac yn gwrando ar Radio Cymru, ac mae hynny'n bethau diwylliannol dwi'n eu cyflwyno i Ola ac mae hithau'n ymateb iddyn nhw. Pan roeddan ni'n byw yng Nghymru, roedd Ola wrth ei bodd efo *Patrol Pawennau*, ond fan hyn, doedd hi ddim yn gallu ei wylio. Roedd hi jest isio ei wylio fo yn y Gymraeg. Ond wedyn, mi wnaethon ni ei ffeindio fo yn y Bwyleg, a dim ond yn y Bwyleg mae hi isio ei wylio fo rŵan! Roedd hynny'n teimlo fel fy mod i wedi colli cyfle iddi gael rhywbeth diwylliannol o Gymru iddi gydio ynddo! Ond dyna ydi'r her – trio cael edefyn Cymreig a Chymraeg fydd yn cysylltu efo Ola, y tu hwnt i beth alla i yn unig ei gynnig iddi.

TEULU GWYDION LYN

Teulu – Gwydion Lyn, ei wraig, Elin a'u hefeilliaid, Mari a Fflur
O le yn wreiddiol Abertawe a Chaerdydd
Lle maen nhw rŵan? Vossem, ger Brwsel

Rho ychydig o dy gefndir imi o dy fywyd cyn symud i Frwsel.

Bues i'n gweithio i S4C am flynyddoedd, tu ôl i'r camera, yn trefnu digwyddiadau a Chysylltiadau Cyhoeddus. Daw fy ngwraig, Elin, yn wreiddiol o Plymouth, gyda'i mam o Rydaman a'i thad o Glasgow, felly cafodd ei magu ar aelwyd Saesneg. Mi wnes i gwrdd ag Elin yn 2007 ac fe briodon ni yn 2009. Yn 2012, roedd hi'n gweithio i'r Llywodraeth, ac fe gafodd secondiad i'r Comisiwn Ewropeaidd am ddwy flynedd, [fyddai'n golygu symud i Frwsel]. Feddyliais i, 'dyw fy Ffrangeg i ddim yn wych, mae fy Fflemeg i'n hollol erchyll, a does dim cefndir Almaeneg gen i chwaith, felly beth ro'n i'n mynd i'w wneud?

Dyma wneud cais a chael fy nerbyn i ddilyn cwrs ôl-radd mewn Cyfathrebu a Chyfryngau Newydd, gan dalu €800 am y flwyddyn gyfan! Fel rhan o'r cwrs, gofynnwyd a oedd gen i ddiddordeb bod yn *intern*. Ro'n i'n 38 mlwydd oed, ac ddim rili mewn oed *internship*! Fe eglurwyd i mi bod un cwmni â diddordeb i gael rhywun i ymuno â nhw am chwe mis. Yr European Cancer Organisation oedd hwnnw, a gan fy mod i wedi cael cancr yn 2001, ro'n i'n meddwl falle bod hyn yn arwydd y gallwn i fod yn rhoi rhywbeth yn ôl. Es i gwrdd â nhw, ac fe ddywedon nhw bod ganddyn nhw gynhadledd i 18,000 o bobl yn Amsterdam mewn chwe mis, a'u bod nhw'n methu credu eu bod wedi cael gafael ar rhywun gyda fy mhrofiad i, i ymuno â nhw fel *intern*. O fewn deufis, roedd un o fy nghydweithwyr wedi penderfynu ei fod e'n symud i Baris, felly fe ofynnon nhw a oeddwn i eisiau ei swydd! Grêt, doedd gen i ddim byd arall ar fy mhlât!

Roedd Elin a minnau'n ffaelu penderfynu lle'r oedden ni eisiau byw. Roedd hi eisiau symud yn ôl i ochrau Llandeilo, a minnau wedi dweud, os mai marchnata oeddwn i am ei wneud, fy mod i am fod yn agosach at Gaerdydd, achos doeddwn i ddim eisiau teithio cymaint â hynny. Yn 2014 cafodd y plant, Mari a Fflur, eu geni, felly fe benderfynon ni aros ym Mrwsel am ychydig eto dros gyfnod mamolaeth Elin. Wedi'r cyfnod hwnnw, roedden ni'n dal i fethu â dod i gytundeb, yr unig beth oedden ni'n gallu ei benderfynu oedd bod y ddau ohonon ni'n hapus yma. Digwyddodd Brexit, a jest cyn i hynny ddigwydd, fe brynon ni dŷ.

Pan gafodd y plant eu geni, ro'n i wedi penderfynu fy mod i'n mynd i siarad Cymraeg â nhw drwy'r amser, ac roedd Elin yn hollol iawn gyda hynny. Roedd hi'n siarad Saesneg â nhw, ac mae hi'n rhugl mewn Ffrangeg. Aethon nhw i'r cresh Ffrangeg am y chwe mis cyntaf, yna fe symudon ni i ardal jest tu allan i Frwsel, sy'n ardal Fflemeg, ac fe aethon nhw i'r cresh Fflemeg wedyn, er nad oes Fflemeg gan yr un ohonon ni. Ym Mrwsel, maen nhw'n cychwyn yn yr ysgol yn ddwy a hanner, ac ro'n i'n poeni ynglŷn â diffyg Fflemeg gartref. Ond, o fewn blwyddyn, roedden nhw'n gallu ymateb i'r athrawon yn y Saesneg, ac yn deall Fflemeg. O fewn blwyddyn arall, roedden nhw'n hollol rhugl yn y Fflemeg.

Mae'r efeilliaid bron yn ddeg nawr, ac maen nhw'n dairieithog. Erbyn nawr, mae rhieni'n dod i ata i a dweud bod eu hacen Fflemeg nhw'n wych, a minnau'n dweud mai'r rheswm am hynny yw nad oes ganddyn nhw rieni sy'n medru'r iaith, ac felly ddim yn cyflwyno acenion gwahanol! Ry'n ni'n lwcus iawn ein bod ni'n byw mewn ardal weddol ryngwladol, gydag ysgol Brydeinig ryw gilomedr bant. Mae llawer o bobl ryngwladol yma sy'n dod am ddwy flynedd, ac yna'n symud ymlaen. Penderfynon ni ein bod ni am eu hanfon nhw i ysgol leol, ysgol y pentref, achos roedden ni eisiau teimlo'n rhan o'r gymuned, ac fel ddywedes i, mae pobl yn symud bob dwy flynedd, felly doedden ni ddim eisiau i'r efeilliaid wneud ffrindiau a'u colli o fewn dim. Roedd hynny'n rhywbeth ro'n i'n ymwybodol iawn ohono fe.

Yn yr ysgol, mae rhyw draean o'r plant yn dod o gefndir Fflemeg, traean o gefndir Ffrangeg, a thraean o gefndir rhyngwladol, ac mae'r rhan fwyaf o'r rhieni yn rhai lle mae un rhiant yn siarad un iaith, a'r llall yn siarad iaith wahanol. Mae yma gyfuniad o ieithoedd, a dyna yw natur Brwsel – mae cymysgedd rhyfeddol o ieithoedd i'w clywed yma beth bynnag. Yr hyn sy'n ddiddorol fan hyn, gan ein bod ni reit ar y ffin rhwng Brwsel a Fflandrys, yw y gelli di fynd lawr un stryd yn siarad Ffrangeg, a mynd lawr stryd arall yn siarad Fflemeg. Pan af i'r gwaith, rwy'n gadael y tŷ ar ôl siarad Cymraeg gyda'r efeilliad, yna'n mynd ar y bws ac yn siarad Fflemeg, yn cyrraedd yr orsaf fysys ac yn siarad Ffrangeg, ac yn olaf, yn cyrraedd y gwaith a siarad Saesneg! Mae 250 o bobl yn gweithio i'r cwmni rwy'n gweithio iddo, a lot fawr o bobl ryngwladol o bob cwr o'r byd yn gwneud treialon clinigol cancr.

O ran y pethau allgyrsiol mae'r merched yn ei wneud, mae Mari yn rhan o dîm pêl-droed y pentref, sy'n ymarfer ddwywaith yr wythnos a chael gêm ar ddyddiau Sadwrn. Mae'r ymarfer mewn tair iaith. Ti'n clywed yr hyfforddwr yn gweiddi ar rywun yn Ffrangeg, wedyn mae'n gweiddi ar rywun yn Fflemeg, ac yna yn Saesneg! Mae'n hollol briliant. Does yna ddim *hang-ups* o ran iaith. Yn ddiddorol iawn, yn yr ysgol yr wythnos ddiwethaf, roedd perfformiad i'r 'mam-gus a'r tad-cus'. Fe wnaeth Mam a Dad eistedd wrth ochr rywun wnaeth eu cymryd nhw o dan eu hadain, gan nad oedd ganddyn nhw syniad o'r Fflemeg, a'r cwpl yma'n esbonio popeth iddyn nhw.

Mae rhai o ffrindiau'r plant wedi dysgu Saesneg drwy YouTube. Mae un o'u ffrindiau'n siarad Ffrangeg gartref a Fflemeg yn yr ysgol, a dyw ei mam hi ddim cweit yn siŵr shwd mae hi wedi dysgu cymaint o Saesneg! Mae'n debyg i hynny ddigwydd gan ei bod hi'n gwylio YouTube. Pan oedd y plant yn fach, doedd Elin ddim yn rhugl o gwbl ond rwy'n ei chofio hi'n darllen i'r plant un noson a meddwl bod ei Chymraeg hi'n wych. Daeth hi lawr a wnes i ddweud hynny wrthi, a dywedodd hi bod ganddi ddim clem beth roedd hi'n ei ddweud, roedd hi jest yn gallu darllen y geiriau. Mae'n amlwg bod talent iaith gyda hi.

Pan oedden nhw'n fach, unrhyw deledu roedden nhw'n ei gael, roedd rhaid iddo fod yn y Gymraeg, felly dyna'r dechreuad. Dim ond Cymraeg maen nhw'n siarad gyda Mam a Dad. Yn y cyfnod clo cyntaf, roedd yr ysgolion yn dal ar agor i raddau, o'u cymharu â Phrydain. Ond yn nes ymlaen, roedd ysgolion Fflandrys ar gau hefyd, felly, gan eu bod nhw gartref llawer mwy, dyna pryd wnaeth eu Cymraeg nhw wella yn aruthrol. Ro'n i'n rhoi awr o deledu iddyn nhw, awr o ddarllen, awr o fynd mas i chwarae, awr o gerdded, ac awr gyda Mam-gu a Tad-cu drwy FaceTime. Roedd Mam a Dad yn mynd drwy'r wyddor gyda nhw ac yn canu hwiangerddi – y math yna o beth yn y prynhawn. Felly gweithiodd hynny'n wych, a gwellodd eu Cymraeg nhw'n ddi-ffael dros y flwyddyn a hanner honno.

Un o'r pethau wnes i ddim ystyried pan oeddwn i yng Nghymru oedd … o'n i wastad yn trio cael fy ffrindiau i anfon eu plant i ysgol Gymraeg gan ddweud, 'Gwrandewch, rhowch y cyfle iddyn nhw.' Ond nawr fy mod i'n gyrru fy mhlant i ysgol lle fi *ddim* yn siarad yr iaith, rwy'n ei ffeindio fe'n anodd, yn enwedig gyda system wahanol o addysg, a'r ffordd wahanol o ddysgu hefyd – a'r ffordd hollol gymhleth maen nhw'n gwneud syms! Diolch byth am ddyfodiad Google Translate. Rwy' wedi ceisio dysgu'r iaith, ond o fewn y 10 wythnos gyntaf pan o'n i'n cael gwersi, roedden nhw wrthi'n gwneud yr ochr ramadeg ac wedi bod yn gwneud hynny ers 5 wythnos, a minnau angen mynd yn ôl chwe step er mwyn cyfri i 10! Wnaeth Elin droi rownd a dweud, 'Fi'n rili flin ond fi wedi ffeindio rhywun sy'n dysgu Cymraeg yng nghanol Brwsel, ond mae'r un noson â ti'n gwneud dy Fflemeg.' A wedes i, 'O! fi'n fodlon aberthu!' Felly, fe wnaeth Elin wneud dosbarth nos am hydoedd wedyn. Ond ydw, rwy'n awr yn gallu deall rhieni di-Gymraeg sydd ddim yn anfon eu plant i ysgol Gymraeg.

Mae'r merched mewn cyfnod nawr lle rwy'n tybio y bydd un iaith yn gryfach na'r gweddill, a'r Fflemeg fydd honno, heb os. Ry'n ni wedi bod yn edrych ar yr ysgol ar-lein, Ysgol Sadwrn ac ati, ond mae'r amseru ychydig bach yn anodd i ni, ac mae ganddyn nhw bethau allgyrsiol maen nhw'n eu gwneud. Ond yr wythnos ddiwethaf, fe wnaeth Fflur ofyn am fwy o wersi Cymraeg iddi allu darllen mwy, felly dyma Mam-gu yn dweud, 'Wrth gwrs y gwna i! Ar-lein!' Dyma gyfle ychwanegol iddyn nhw gael sgyrsiau hefyd. Felly, dyna'n fras lle ry'n ni arni ar hyn o bryd, ac rwy'n credu mai'r iaith lafar yw'r peth pwysicaf i fi. Mae'r plant mor freintiedig. Pan ry'n ni'n mynd 'nôl i Gaerdydd ac yn ymweld â Mam a Dad ry'n ni'n mynd i gaeau Pontcanna. Mae'r plant yn meddwl bod pawb yng Nghaerdydd yn siarad Cymraeg, gan mai dyna'r iaith ti'n ei chlywed ym Mhontcanna.

Lle gefaist ti dy fagu, felly? A sut oedd dy berthynas di efo'r Gymraeg wrth dyfu i fyny?

Ces i fy ngeni yn Llundain, roedd Dad yn gwneud cwrs coleg yn Llundain ar y pryd. Teulu cwbl Gymraeg, Mam a Dad yn dod o Sir Gâr, ac mi wnaethon ni symud i Guyana, De America, am flwyddyn gan fod Dad wedi cael swydd mas yna'n gweithio i'r Theatr Genedlaethol. Wedyn, mi wnaethon nhw symud yn ôl i ogledd Cymru, i Landegfan, ac yna i Lanrug pan o'n i'n bedair neu'n bump oed. Symudon ni i lawr i Landdarog am dymor – dyna lle'r oedd rhieni fy mam yn byw. Roedd Dad yn gweithio i'r BBC erbyn hynny, ac fe gafodd e swydd yn stiwdio Abertawe yn 1981 felly fe symudon ni eto. Felly, ces i fy magu yn Abertawe a mynd i Ysgol Gynradd Gymraeg Lôn Las ac yna i Ysgol Gyfun Gŵyr. Wedyn, symudes i i'r Chweched Dosbarth yng Nghaerdydd pan o'n i'n 16 oed. Rwy'n ystyried fy hunan fel rhywun o Gaerdydd, ond mae bois Caerdydd yn dweud 'mod i'n dod o Abertawe. Ond do, fe ges i fy addysg yn Abertawe ac addysg bywyd yng Nghaerdydd.

Yn 1992 es i'r brifysgol ym Mangor i astudio Cerddoriaeth, cyn mynd i Lundain i weithio mewn stiwdio recordio am flwyddyn. Sylweddoles i bod dim arian gen i a fy mod i'n gweithio oriau hollol ddwl, felly des i'n ôl i Gaerdydd i weld beth ro'n i'n gallu ei wneud. Gyda Corfforaeth Bae Caerdydd yn cychwyn, ces i swydd ar linell ymgynghori, cyn cael swydd gyda Gwifren Gwylwyr S4C y flwyddyn ganlynol. Dilynais hynny gyda swydd yn adran y wasg cyn mynd ymlaen at waith digwyddiadau ac ochr gorfforaethol S4C. Gadewais y swydd honno yn 2012 a symud i Frwsel. Bellach, rwy'n gweithio i'r EORTC, sef yr Eurpoean Organisation for the Reaearch and Treatment of Cancer. Fel y dywedes i, mae 250 yn gweithio yma, gyda'r rhan fwyaf yn gwneud treialon clinigol a chasglu data manwl ar gyfer pob mathau o gancr. Fy ngwaith i yw trefnu digwyddiadau i'r cwmni, ac mae gennym ni ddau brif ddigwyddiad sy'n digwydd bob dwy flynedd. Mae'r gynhadledd nesaf ym mis Mawrth eleni yn Milan, digwyddiad i 2,000 o bobl sy'n ymwneud â chancr y fron. Ym mis Hydref, ry'n ni'n mynd i Barcelona gyda'r gynhadledd 'Drug Development Conference', sy'n ddigwyddiad i 1,500 o bobl. Mae triniaethau a chyffuriau newydd yn cael eu datblygu i drin cancr, er na fyddan nhw ar gael i'w defnyddio am ryw bump i ddeng mlynedd.

Oes yna dipyn o Gymry ym Mrwsel?

Ddim cymaint â hynny. Rwy' wastad wedi bod ar restr bostio'r Gymdeithas Gymraeg yma, ac wedi mynd i ryw ddau ddigwyddiad, ond cnewyllyn bach iawn sydd yma. Rwy'n ymwybodol o rai pobl, ond ddim yn cysylltu â nhw gymaint â hynny. Ro'n i wedi clywed bod yna ddau yn dysgu yn yr ysgol Brydeinig yma, a bod un yn fachgen o Dregaron. Ro'n i'n aelod o Gôr Meibion Taf yn ôl yng Nghymru, ac roedd y rhan fwyaf o'r bobl oedd ynddo fe â gwreiddie yn Nhregaron, neu â pherthnasau yn Nhregaron. Dywedodd rhywun wrthyf i bod Caron, brawd hwn a hwn, yn byw mas ym Mrwsel. Dyna lle ro'n i, mewn pwll nofio lleol ac yn digwydd gwisgo top Cymru, a dyma'r boi 'ma'n dod lan ata i a gofyn, 'Excuse me, you're wearing a Welsh top?' Mi ddechreuon ni siarad ac ro'n i'n meddwl bod ei acen e'n bendant o Dregaron, felly fe ofynnes i, 'Dim Caron wyt ti, ife?' a'i ymateb e: 'Shwd yffarn o't ti'n gwybod?!' Felly mae yna bethau fel yna'n digwydd. Un stori arall ... roedden ni yn y parc lleol lle ry'n ni'n byw, jest cyn Dolig a neb arall yn y parc. Dyma Mari yn mynd yn styc ar y ffrâm ddringo yn y parc, ac fe wnaeth plentyn ddod i'w helpu hi, a gan ei bod hi wedi cynhyrfu, fe ddywedodd hi, 'Merci! Thank you! Danke! Diolch!' Rhyw bum munud wedyn, daeth y rhiant lan ataf a dweud, 'Sorry, my child said that your child just spoke Welsh to him?' Roedd y rheini wedi danfon eu plant i Ysgol Bryn y Môr, yn Abertawe. Ro'n nhw newydd symud draw, a dim ond wedi bod yma ers pythefnos. Roedd hynny bedair blynedd yn ôl – ry'n ni'n ffrindiau pennaf erbyn nawr!

Wyt ti'n meddwl bod bwlch i'w lenwi o ran y gefnogaeth gall y Cymry sy'n byw yng Nghymru ei rhoi i Gymry dramor?

Gyda dyfodiad yr holl ddysgu ar-lein yn ystod Covid, rwy'n credu bod hynny'n arbennig. Mae Ysgol Sadwrn yn ddechreuad. Ond mae'r ffaith bod rhaglenni S4C, yn enwedig rhaglenni plant ar S4C, ddim ar gael dramor yn rhywbeth hollol ddwl. Mae'r sefyllfa'n gwella, yn dechrau dod. Aeth un o'm ffrindiau i'r brifysgol yn Aberystwyth, felly mae gyda fe *thing* am Aberystwyth. Mae'n wreiddiol o Bournville ac fe wnaeth e briodi rhywun o Sweden. Beth bynnag, fe wnaethon nhw wylio *Y Gwyll* ar BBC Canvas a chwympo mewn cariad â'r iaith ac oherwydd hynny, penderfynu dysgu Cymraeg.

Does dim angen VPN arnat ti i gael Radio Cymru, felly ar fore Sadwrn, rwy'n rhoi'r gerddoriaeth ymlaen yn y cefndir, fel bod y merched yn clywed pobl ag acenion gwahanol. Mae Radio Cymru yn help gyda hynny, ond rwy'n credu byddai hawlfraint i wylio S4C yn gwneud lot o wahaniaeth. Rwy'n gwybod y byddai'n anodd i'w ariannu, ond oni bai dy fod ti'n gadael Cymru, ti ddim yn sylweddoli faint mae'r pethau hyn yn feddwl iti ac i dy hunaniaeth di.

Yn ddiddorol, yn y perfformiadau yn yr ysgol wnaethon nhw yr wythnos ddiwethaf, roedd pob blwyddyn yn cyflwyno dawns i'r gynulleidfa. Beth oedd yn amlwg oedd y prinder o bethau Fflemeg oedd yno, a'r dylanwad Eingl-Americanaidd cryf, llawer o bethau *Glee!* Y cyfan oedden nhw'n ei wneud oedd dawnsio. Pe bawn i 'nôl yng Nghymru, bydden ni, nid yn unig yn dawnsio, ond byddai'r geirie yn Gymraeg, y gân yn cael ei chanu – mae'r elfennau traddodiadol cwbl Gymreig o sefydliadau eisteddfodol ar goll yma. Ond, yn yr un modd, maen nhw *yn* cael pedair iaith. Ond ydw, rwy'n colli'r ochr greadigol.

Ac i gloi, wyt ti'n meddwl bod y merched yn ymwybodol o hanes Cymru? Ac er eu bod nhw'n ifanc, a oes yna elfennau gwladgarol yn eu cymeriadau?

Yn ddiddorol iawn, aethon ni i weld tîm merched Gwlad Belg yn chwarae'n erbyn Lloegr, a diolch byth, fe enillodd Gwlad Belg! Ond, fe wnes i droi at y merched a holi:

'Felly, os ydi Gwlad Belg yn chwarae'n erbyn Lloegr, pwy ydych chi'n mynd i gefnogi?'
'Gwlad Belg.'
'Os ydi Gwlad Belg yn chwarae'n erbyn yr Alban (mae Grandad y plant o'r Alban), pwy ydych chi'n mynd i gefnogi?'
'Gwlad Belg.'
'Os ydi Cymru yn chwarae'n erbyn Gwlad Belg, pwy ydych chi'n mynd i gefnogi?'
'Gwlad Belg.'
'Os ydi Cymru yn chwarae'n erbyn Lloegr, pwy ydych chi'n mynd i gefnogi?'
'Cymru!'

Felly, maen nhw'n Felgwyr balch, ac erbyn nawr, rwy'n Felgwr hefyd gan fy mod i wedi cael dinasyddiaeth. Roedd yn rhaid i mi gael dinasyddiaeth er mwyn i'r plant ei chael; Prydeinwyr oedden nhw cyn hynny. Dim ond y wraig sydd ar ôl i wneud hynny nawr. Ond, bydden nhw wastad yn Ewropeaid. Rwy' wastad yn mynd i fod yn Gymro Ewropeaidd, fues i erioed yn Brydeinwr. Ond Belgwyr ydyn nhw'n gyntaf, sy'n anorfod, ond fe fydden nhw wastad yn ymwybodol o'u cefndir a'u treftadaeth yng Nghymru.

TEULU ESYLLT NEST

Teulu – Esyllt Nest, ei gŵr, Cristian a'u meibion, Mabon ac Idris
O le yn wreiddiol Pencaenewydd, Eifionydd
Lle maen nhw rŵan? Y Gaiman, Yr Ariannin

Rho ychydig o dy gefndir imi – o le wyt ti'n dod yn enedigol, ychydig am dy fagwraeth a dy addysg, a pha mor fyw oedd y Gymraeg yn ystod dy blentyndod?

Dwi'n dod yn wreiddiol o Bencaenewydd, Eifionydd. Ges i fy ngeni yn 1972 yn Ysbyty Bryn Beryl, ac ym Mhencae ro'n i am wyth mlynedd gyntaf fy mywyd, ar aelwyd ac mewn cymuned a oedd yn gyfan gwbl Gymraeg a Chymreig. Heddiw, dwi'n sylweddoli pwysigrwydd capel Pencae i'r bywyd hwnnw a'r holl gyfoeth diwylliannol ac ieithyddol gawson ni yn sgil digwyddiadau'r capel: Ysgol Sul, Cyfarfod Plant, y Cyfarfod Bach (eisteddfod capel), Cymdeithas y Chwiorydd, Cymdeithas Lenyddol, cyngherddau, Arholiadau Sirol ac ati. Dwi'n cofio Menna, un o fy ffrindiau oedd yn byw ar fferm Pencaenewydd Farm, ac roeddan nhw'n cadw fisitors, felly roedd yna blant Saesneg yn mynd i aros efo nhw. Roedd Menna, oherwydd hynny, yn gallu siarad Saesneg heb feddwl am y peth a dwi'n cofio teimlo'n wahanol. Roedd siarad Saesneg o fy nyddiau cynnar yn deimlad chwithig. 'Nes i erioed deimlo methiant i siarad Saesneg yn fach, ond doedd o ddim yn dod yn naturiol i mi. Yn Ysgol Glan-y-Môr, Pwllheli, dwi'n cofio fy athrawes Saesneg i, Christine Evans, yn dweud wrthan ni fel Cymry Cymraeg yn y set uchaf bod ein Saesneg ni yn aml iawn yn well na Saesneg y di-Gymraeg. Roedd hi wastad yn canmol lefel uchel fy Saesneg ysgrifenedig, ond ro'n i wastad yn teimlo, ar lafar, mai'r Gymraeg oedd gryfaf gen i, ac felly mae hi wedi bod ar hyd fy mywyd, wrth reswm.

Felly, mae'r ymwybyddiaeth o ddwyieithrwydd ynof erioed. 'Nes i erioed deimlo nad oeddwn i'n dallt Saesneg neu ddim yn gallu siarad yr iaith, ond fyddwn i byth yn gwneud. Fel yna dwi wedi teimlo ar hyd fy mywyd. Y Gymraeg ydi fy nghariad cynta i, fy rheswm dros bopeth, wedi bod ers pan o'n i'n fychan iawn. Dwi ddim yn gyfan gwbl gyfforddus yn siarad Saesneg, ac er fy mod i'n byw yn yr Ariannin ers bron i ugain mlynedd, dwi chwaith ddim yn teimlo yn gyfan gwbl gyfforddus yn y Sbaeneg. Mae fy nhafod yn baglu yn y ddwy iaith, tafod Cymraeg sydd gen i! Ond dwi'n reit falch bod fy mhlant wedi gorfod bod yn gwbl ddwyieithog (yn hollol rugl yn y Gymraeg a'r Sbaeneg). Maen nhw wedi gorfod boddi yn yr ieithoedd. 'Nes i a Cristian, fy ngŵr, ddim trafod unrhyw benderfyniad ieithyddol, ond faswn i byth bythoedd wedi dewis siarad yr un iaith arall efo fy mhlant. Mi benderfynodd Cristian mai'r Gymraeg fyddai o'n ei siarad efo'r plant hefyd o'r cychwyn cynta, a fedra i fyth egluro faint dwi'n ei edmygu o am wneud hynny.

Felly, dyweda wrtha i am iaith y cartref – ydi'r ddeinameg ieithyddol wedi newid wrth i'r plant fynd yn hŷn o'i gymharu â phan oeddent yn iau?

O ran Cristian, mae ei rieni o yn gallu siarad Cymraeg. Cymraeg oedd iaith gyntaf fy rhieni yng nghyfraith yma yn y Wladfa, ond yn yr oes honno yn yr 1940au, roedd yna ryw fath o Welsh Not o ran y Gymraeg. Roeddan nhw wedi cael Cymraeg ar yr aelwyd ac yn yr ysgol Sul, ond yn eu cyfnod nhw yn yr ysgol, Sbaeneg oedd yn cael ei hadnabod fel yr iaith genedlaethol ac mae fy mam yng nghyfraith yn cofio cael pryd o dafod am siarad Cymraeg yn yr ysgol efo'i ffrindia. Mi grëwyd yr 'Ariannin' fel gwlad yn 1810, ac mi ddaeth y Cymry yma yn 1865. Felly, roedd hen daid a hen nain fy rhieni yng nghyfraith yn rhai o'r ymfudwyr cyntaf yma, a chenhedlaeth fy rhieni yng nghyfraith oedd y rhai a gafodd eu stopio rhag siarad Cymraeg yn yr ysgol. Felly, roeddan nhw'n cael eu haddysgu mai Archentwyr oedden nhw, ac mai Sbaeneg oedd eu hiaith. Mae hynny'n parhau ym meddyliau rhai o'r to hŷn hyd heddiw – mai Sbaeneg ydi 'iaith y wlad' a phob iaith arall yn eilradd braidd. Ond diolch i'r drefn, mae'r to iau yn gweld gwerth ac yn ymfalchio mewn amlieithrwydd.

Yn rhyfeddol iawn, pan oedd fy ngŵr yn fach, roeddan nhw'n siarad Cymraeg efo fo ond yn siarad Sbaeneg efo'i gilydd. Ond mi ddaeth Cristian adra o'r ysgol feithrin un diwrnod a dweud wrthyn nhw am stopio siarad Cymraeg efo fo, ac mi wnaethon nhw stopio pan oedd o'n bump oed. Mi fagwyd o wedyn yn y Sbaeneg, mi aeth i'r brifysgol, wedyn mi ddaeth o'n ôl o Buenos Aires i fan hyn, a mynd i ddosbarthiadau Cymraeg. Wedyn, mi gafodd gyfle i fynd i Gymru ar y rhaglen *Cariad at Iaith*, pan oedd o yn ei dridegau. Mi aeth o ar gwrs iaith i Nant Gwrtheyrn a chwrs yn Llanbed, ac aros yng Nghymru wedyn am ddwy flynedd yn gweithio ar fferm, edrych ar ôl plant ac ati. Wedyn, fel roedd o'n barod i ddod yn ôl i'r Ariannin, mi wnes i ei gyfarfod o un waith. Ro'n i wedi cael swydd ddysgu drosodd yma, ac ar ôl imi gyrraedd yma wedyn, wnaeth ein perthynas ni ddechrau. Mae o'n rhugl ei Gymraeg, mae ei Gymraeg o'n wych erbyn rŵan ac mi fydda i'n gwingo pan fydd o'n fy nghywiro i ar brydiau (ond nid yn aml!).

Cytundeb gwaith o fis Mawrth tan fis Rhagfyr 2004 ges i gynta drosodd yma efo Cynllun yr Iaith Gymraeg ym Mhatagonia, ac wedyn ar ddiwedd y flwyddyn gyntaf, roeddan nhw'n gofyn a oeddwn i am ddod yn ôl, ac felly fuodd pethau. Ar ddiwedd yr ail flwyddyn, roeddwn i wedi bod yn dysgu pob lefel o Gymraeg, gan deithio yn ôl a blaen ac ati, a doeddwn i ddim am ei wneud o eto. Felly, mi ddois i'n ôl i Gymru dros y Nadolig, ac roeddan ni'n priodi y mis Ebrill wedyn, yn 2006. Ar ôl y briodas, mi ddaethon ni i Gymru am ryw dri, bedwar mis ar wyliau, ac mi es i'n feichiog efo Mabon. Ro'n i'n dal i weithio'n llawrydd efo Gwasg Carreg Gwalch ar y pryd, a phan oedd Mabon yn naw mis, ro'n i'n feichiog eto efo Idris.

Adra fues i efo'r plant tra oeddan nhw'n fach, gan ddal i weithio'n llawrydd fel golygydd a chyfieithydd. Wedyn yn 2015, mi wnaeth yna ysgol gynradd ddwyieithog agor yn y Gaiman, ac mi ges i gynnig mynd i weithio yno. O fynd i weithio i'r ysgol, mi wnes i roi'r gorau i'r gwaith llawrydd efo Carreg Gwalch, ac mi ofynnias i'r swydd newydd fod yn un 'swyddogol' a fyddai'n golygu fy mod i'n derbyn yr un amodau gwaith â phobl sy'n enedigol o'r Ariannin (am nad ydw i'n ddinesydd yma, ond yn hytrach â hawl parhaol i fyw yn y wlad). Felly, mi lwyddon ni i wneud hynny. Ro'n i hefyd yn gweithio yn yr ysgol uwchradd, Coleg Camwy a dwi'n dal i weithio yno ac yn Ysgol Gerdd y Gaiman. Mae'n beth cyffredin i bobl weithio mewn mwy nag un swydd yma i gadw'r blaidd o'r drws. Ydi, mae'n ddiwrnod hir!

Dy feibion di, Mabon ac Idris – dyweda ychydig mwy wrtha i amdanyn nhw.

Mae Mabon bron yn 17, ac mae Idris yn 15. Mae'r ddau wedi cael eu geni yn yr Ariannin, yn Nhrelew, a dwi'n ystyried fy hun yn ofnadwy o lwcus fy mod i, fel un sy'n magu Cymry dramor, yn eu magu nhw mewn tref lle nad ydi'r Gymraeg yn ddiarth, sef yn y Gaiman. Dwi'n trio siarad Cymraeg efo pawb! Os ydw i'n gwybod bod gan rywun ronyn o Gymraeg, Cymraeg fydda i'n ei siarad efo nhw. Mae 'na ddigwyddiadau a dosbarthiadau Cymraeg, ysgolion meithrin Cymraeg, eisteddfodau. Wrth gwrs, wrth fynd allan i siopa, mae'n rhaid siarad Sbaeneg yn y rhan fwyaf o lefydd. Felly, am wn i, ydi hi efo pawb arall sy'n magu Cymry dramor hefyd, ond dydyn nhw ddim mewn sefyllfa mor lwcus â fi. Os ydi pobl eraill yn llwyddo i fagu eu plant yn y Gymraeg mewn gwledydd eraill y tu allan i Gymru, maen nhw'n gwneud mwy o gamp na fi o lawer. Mae gen i'r cefnogaeth yma, dwi erioed wedi cael neb yn dweud dim byd negyddol am y ffaith fy mod i'n magu fy mhlant yn y Gymraeg. Dwi'n dweud o hyd, fyddwn i ddim yn gallu byw tu allan i Gymru heblaw am yma yn y Gaiman. Mae fama a Threvelin yn unigryw, lle dydi siarad Cymraeg ddim yn beth cweit mor od â hynny, er ein bod yn lleiafrif bach, bach.

Felly mi wyt ti'n cydnabod ei bod hi'n haws i ti efo'r Gymraeg mewn lle fel talaith Chubut, ond ydi hi'n deg dweud bod yna dalcenni caled weithiau, neu deimladau cymysg ynot ti?

Mae gen i obsesiwn wedi bod efo'r Gymraeg ar hyd fy mywyd. Dwi'n cofio, pan oeddwn i'n hogan fach, llnau fy nannedd a sbio ar y past dannedd a meddwl, *Tybed sut deimlad ydi o i gael dy iaith dy hun o dy gwmpas di rownd y ril? Sut beth fyddai o i gael y Gymraeg, fy iaith i, ar bob label ac arwydd, fel efo'r Saesneg?* Dwi'n cofio cael y teimlad yna o *issue* efo'r iaith ers imi fod yn fach.

Dwi ddim yn meddwl i mi ddathlu'r ffaith fy mod i'n ddwyieithog tan i mi gael plant fy hun, achos dwi wastad wedi teimlo bygythiad y Saesneg. Ond, un o'r pethau dwi'n eu difaru fwyaf ydi fy mod i heb astudio'r Saesneg fel Lefel A, neu yn y brifysgol, achos i mi, roedd Saesneg yn cael ei gysylltu efo rhywbeth mor negyddol. Ond O! roeddwn i'n *mwynhau* Saesneg TGAU yn ofnadwy, ac eto'n teimlo'r gorthrwm ar rywbeth dwi'n garu fwy na'r byd i gyd, sef fy mhrif iaith i. Mae'r Gymraeg yn uchel iawn, iawn ar y rhestr o bethau y byddwn i'n rhoi fy mywyd drosti. Ond mi fyddai Lefel A yn y Saesneg wedi cyfoethogi fy ngradd yn y Gymraeg, ac ro'n i wir yn mwynhau llenyddiaeth Saesneg. Felly dwi rŵan, ers i'r hogia fod yn fach, yn gwneud pwynt o ddathlu eu hamlieithrwydd nhw.

Wedi i mi gael plant yn fama, mi ddaethon nhw'n ddwyieithog mewn ffordd hollol wahanol i mi. Mi aethon nhw i ysgol feithrin Gymraeg fel yr unig blant oedd yn siarad Cymraeg adra, ac oherwydd hynny, mi ddysgon nhw'r Sbaeneg! Roedd y Sbaeneg o'u cwmpas yn yr ysgol, ond y Gymraeg oedd o'u cwmpas nhw adra rownd y ril. Roeddan nhw'n mynd i ysgol feithrin Sbaeneg hefyd – un yn y bore, y llall yn y pnawn. O'r herwydd, mi ddaeth Sbaeneg yn gyfartal o ran eu llafar.

Paid â gofyn pam, ond dwi'n cofio dweud wrtha i fy hun, 'Os wnawn nhw gyrraedd chwech oed yn dal i siarad Cymraeg efo'i gilydd, mi fydda i'n hapus.' Pam chwech oed? Dwi ddim yn gwybod. Ond dyma'r chwech oed yn dod ac roeddan nhw'n dal i siarad Cymraeg efo'i gilydd. Ac wedyn, mi aethon nhw i ysgol gynradd uniaith Sbaeneg achos doedd dim ysgol gynradd ddwyieithog yma bryd hynny. Er eu bod nhw mor agos mewn oed, doeddan nhw ddim yn rhannu amser chwarae efo'i gilydd tan oedd Idris ym Mlwyddyn 4. Felly, doeddan nhw ddim yn cymdeithasu nac yn rhannu ffrindiau efo'i gilydd tan hynny.

Wedyn, wrth iddyn nhw fynd yn hŷn, dwi'n cofio fel roeddan nhw'n cyrraedd adra ac yn dweud rhywbeth Sbaeneg wrth ei gilydd ar ôl bod ar y bws ysgol, ond unwaith roeddan nhw'n camu drwy ddrws y tŷ a fi'n dechrau siarad Cymraeg efo nhw, roeddan nhw'n anghofio am eu Sbaeneg. Fel roedd y blynyddoedd yn mynd yn eu blaenau, roeddan nhw'n dod adra ac roedd yna fwy o Sbaeneg yn dod drwy'r drws. Ond ro'n i'n sylweddoli, os ro'n i'n rhoi CD neu DVD Cymraeg ymlaen, roeddan nhw'n newid yn ôl eto.

Pan gyrhaeddon nhw'r ysgol uwchradd, roeddan nhw'n dechrau cymdeithasu fwyfwy y tu allan i'r cartref. Ar y pryd, roedd fy ngŵr yn gwneud lot efo criw clwb caiacio'r Gaiman a'r plant yn mynd i'r clwb caiacio efo fo. Mwya'n byd oeddan nhw'n mynd allan o'r tŷ efo fo, ei glywed o'n siarad Sbaeneg efo'i fêts, mwya'n byd roeddan nhw'n dechrau siarad Sbaeneg efo Cristian, a fo wedyn yn dechrau siarad Sbaeneg yn ôl efo nhw. Maen nhw erbyn hyn yn siarad y ddwy iaith efo'i gilydd yn hollol naturiol ac yn gallu neidio o'r Gymraeg i'r Sbaeneg ac yn ôl heb feddwl. Ond, dwi'n dweud o hyd wrth Cristian fy mod i'n ei edmygu o gymaint, achos ail iaith ydi'r Gymraeg iddo fo mewn ffordd, a'i fod o wedi siarad Cymraeg efo'r plant o'r crud. Dwi'n ffeindio fo'n anhygoel sut mae o'n gallu siarad ail iaith efo'i blant achos faswn i byth yn gallu gwneud hynny. Ond roedd o wastad yn dweud, dim ots lle fyddai o'n byw, y byddai o isio i'w blant allu siarad Cymraeg. Dwi ddim yn gwybod os ydi hynny'n dod o'r ffaith ei fod o'n ddisgynnydd i Gymry, bod ei gyndeidiau o i gyd o Gymru, neu wrth gwrs yn sgil y ddwy flynedd dreuliodd o yng Nghymru. Mae o wedi gweld cyfoeth yr iaith a'r diwylliant.

Ond ar hyd y bedlam, dydan ni erioed wedi gorfodi'r iaith ar y plant, erioed wedi dweud wrthyn nhw, 'Mae'n rhaid i chi siarad yr iaith!' Dwi wedi gwneud pwynt bod y Gymraeg am gael ei chlywed yn y tŷ drwy'r amser, felly yn anymwybodol iddyn nhw, dwi wedi rhoi'r Gymraeg iddyn nhw heb yr orfodaeth. Hefyd, maen nhw'n blant wneith wrthryfela. Mae hynny yn eu cymeriad nhw. A rhywbeth wnaeth fy rhyfeddu i wedyn pan oeddan nhw'n blant bach oedd y sylweddoliad, os oeddan nhw isio mynd i Gymru, bod yn rhaid iddyn nhw fedru siarad Saesneg. Felly, mae hynny wedi bod yn frwydr fewnol i mi – gyrru 'mhlant i wersi Saesneg! Ond mae hi'n iaith handi iawn, ac erbyn hyn dwi wedi gwirioneddol sylweddoli pa mor lwcus ydw i o fod yn gallu ei siarad.

Mi ddaethon ni drosodd i Gymru yn 2017 am bedwar mis, er mwyn i'r plant gael mynd i ysgol gynradd y Ffôr, lle mae fy rhieni yn byw a lle mae fy hen ysgol gynradd. Roeddan nhw wedi cael ymweld ag ysgolion ym Methesda lle mae Fflur fy chwaer yn byw cyn hynny, ond mi gawson nhw dymor yn y Ffôr. Dwi'n dal i weld effaith hynny arnyn nhw hyd heddiw a pha mor werthfawr fuodd hynny iddyn nhw. O ddod adra i'r Ariannin wedyn, dyma'r hogia yn dweud eu bod nhw isio mynd i wersi Saesneg. *Nhw* ddywedodd hynny, diolch i'r drefn. Felly, ers saith mlynedd, maen nhw wedi bod yn mynd i'r gwersi Saesneg ddwywaith yr wythnos. Mae gwersi Saesneg yn fama yn digwydd ar ôl ysgol, fatha mynd i'r Urdd neu gael gwersi piano yng Nghymru. Yn draddodiadol, mae dysgu ail iaith yma yn rhywbeth reit ffurfiol, llawer o bwyslais ar ramadeg ac ati. Ond, mae pethau'n newid, a'u gwersi nhw erbyn hyn yn fwy rhyngweithiol a mwy o bwyslais ar y llafar.

Mae Idris, yn debyg i Cristian, efo'r gallu yma i ddysgu ieithoedd yn hawdd. Mae o'n sydyn, ac yn ei gymryd o i mewn yn syth. (Portiwgaleg ar Duolingo ydi ei betha fo y dyddia yma!), lle mae Mabon yn debycach i mi, hwyrach! Mae'r cwlwm tafod sy'n fy wynebu i wrth siarad iaith arall, mae hynny ynddo fo hefyd. Ond mae o'n lwcus nad ydi hynny'n digwydd yn Gymraeg na Sbaeneg. Felly, mae o'n mynd i wersi un-i-un llafar Saesneg rŵan hefyd, unwaith yr wythnos, achos mae o isio mynd i Gymru pan fydd o'n hŷn, felly mae o'n dallt bod rhaid iddo fo gael ei Saesneg, a dwi'n trio cefnogi eu gwersi Saesneg nhw fel arf bywyd! Ond, dwi wedi treulio fy mywyd yn brwydro'n erbyn Saesneg – y rheswm dwi'n byw yma yn yr Ariannin ydi i hyrwyddo'r Gymraeg – felly ydi, mae'n anodd weithiau.

Mae'r ffaith nad ydi dy Gymraeg na dy acen di wedi llithro o gwbl yn dipyn o gamp. Pam hynny, ti'n meddwl?

Mae hwnna bob tro yn fy nharo fel cwestiwn gwallgo! Ers dod yma i fyw, dwi'n siarad Cymraeg rownd y ril, gweithio drwy gyfrwng y Gymraeg, cael cylchgronau Cymraeg drwy'r post, dal i ddarllen llyfrau Cymraeg. Dwi wedi cael Kindle yn groes i'r graen ers ryw chwe mlynedd, ac er nad ydw i'n ei licio fo, dwi ei angen o er mwyn gallu darllen llyfrau Cymraeg a Saesneg. Wrth lwc rŵan, dwi'n gallu gwylio S4C. Felly, gan fy mod i fel ydw i, mae'r Gymraeg wastad wedi aros – hi ydi fy angor.

Er bod y Gymraeg *yn* fy mhlant i, fydd hi ddim yn cael yr un lle yn eu bywydau nhw ag y mae hi i mi, dwi ddim yn meddwl, oherwydd Archentwyr balch ydyn nhw. Yn yr Ariannin, ti'n gwybod yn ddyddiol drwy dy addysg dy fod ti'n Archentwr o'r cychwyn cyntaf. Oherwydd ei bod hi'n wlad mor ifanc, mae'n cael ei blannu ynot ti o'r ysgol feithrin dy fod ti'n Archentwr. Maen nhw'n codi'r faner a'i chyfarch hi yn y bore, a ffarwelio â hi yn y pnawn, ti'n dathlu dy arwyr, mae 'na ddyddiau gŵyl bob munud. O ran dy hanes a dy hunaniaeth di, ti'n Archentwr o'r cychwyn cyntaf a hynny drwy'r Sbaeneg. Yn anffodus, dydi hynny ddim yn digwydd yng Nghymru.

Dydi'r hogia ddim wedi bod yn darllen na sgwennu fawr ddim Cymraeg ers pan oeddan nhw'n fychan, dim ond ei siarad hi. Ond mi wnawn nhw yrru negeseuon WhatsApp i mi a'r teulu a ffrindia yng Nghymru yn Gymraeg. Dwi mor falch fy mod i wedi mynd â nhw i Gymru am dymor. Dwi'n meddwl bod y pedwar mis gawson nhw drosodd wedi bod yn bwysig tu hwnt. Efo'r ffaith fy mod i wedi canu iddyn nhw, dangos cartŵns ar DVDs (doedd dim teledu yma pan oeddan nhw'n iau), darllen llyfrau Cymraeg iddyn nhw tan oeddan nhw'n eu harddegau cynnar, tybed a oedd gweld y geiriau Cymraeg hynny wedi mynd i'w pennau nhw hefyd?

Mi wn i bod gen i obsesiwn efo'r Gymraeg – a dwi'n falch o hynny! Dwi'n amau bod yr hogia yn ymwybodol o'r obsesiwn mewn rhyw ffordd negyddol am fod eu mam nhw yn wahanol i fam pawb arall, ond dwi'n gobeithio ryw ddiwrnod y gwnawn nhw ddallt, ond wnawn nhw ddim dallt yn *iawn* beth ydi brwydro dros dy iaith di, edrych ar y past dannedd yn y bore a meddwl, *Sut beth ydi o i gael llnau dy ddannedd yn dy iaith dy hun yn lle gorfod poeri yn Saesneg?!*

Wyt ti'n teimlo dy fod ti'n cael gwyntyllu digon am dy rwystredigaeth ieithyddol?

Dwi'n cael rhyddhau'r teimladau yma yn aml efo pobl! Mae yna lawer o bobl o'r un anian yn dod draw i'r Wladfa ar wyliau neu i weithio am gyfnod, ac mae ffrind da iawn i mi o Gymru yn yr un sefyllfa â fi yn byw yn Nhrevelin. Ac wrth iti fynd yn hŷn ti'n magu croen tew hefyd, felly os oes rhywun yn meddwl bod gen i'r obsesiwn yma efo'r iaith, mi wna i dderbyn hynny, dydi ddim ots gen i. Ond dwi'n gobeithio, wrth iddyn nhw fynd yn hŷn, y gwnaiff yr hogia werthfawrogi sut ydw i. Hwyrach y gwneith hi gymryd degawdau iddyn nhw sylweddoli hynny! Dyna pam, i fi, pan rydan ni'n mynd i Gymru, ddim jest gwyliau ydi o. Mae'n rhywbeth ieithyddol. Ddim jest dod i adnabod gwlad Mam, ond clywed y Gymraeg fel iaith normal yng Nghymru.

Y cyngor fyddwn i'n ei roi i rywun sy'n trio magu eu plant yn Gymraeg yn rhywle arall heblaw Cymru ydi, mae'n rhywbeth mor hawdd i'w wneud – dim ond siarad Cymraeg efo nhw sydd angen! Mae hi mor hawdd, ond mae hi mor hawdd peidio hefyd. Mae hi mor hawdd ei lladd hi drwy beidio. Ond, mae'n fwy o gamp eu cael nhw i siarad Cymraeg yn ôl efo chdi os oes yna iaith arall ar yr aelwyd. Mi faswn i'n tybio ei bod yn anos eu cael nhw i siarad Cymraeg yn ôl, os ydi Mam a Dad yn siarad iaith arall heblaw'r Gymraeg. Mae'n rhaid i chdi gael yr iaith allan o'u cegau nhw, mae'n rhaid i chdi gael y ddeialog, mae'n rhaid i chdi eu cael nhw i ailadrodd ac mae canu yn ffordd berffaith o wneud hynny. A hyd yn oed os oes yna rieni a'u plant ddim yn ei siarad yn ôl efo nhw, wel, daliwch ati oherwydd mi fydd y Gymraeg yn eu pennau nhw ac efallai rhyw ddydd y bydd hi ar eu tafodau nhw hefyd.

Wyddost ti be? Weithiau mi fydda i'n meddwl efallai y byddwn i'n llawer iawn mwy trist yn byw yng Nghymru, achos mi fyddwn i'n gweld sut mae'r iaith yn cael ei herydu. Yn fama, dwi'n gallu dathlu clywed y Gymraeg. Felly, efallai bod eu magu nhw'n fama yn haws?

Efo dathlu diwylliant a chenedl, ydi Mabon ac Idris yn ymwybodol o hanes Cymru, neu a ydi'r pwyslais yn drymach ar yr ieithyddol?

Pan oeddan nhw'n fach, ro'n i'n darllen, darllen, darllen iddyn nhw drwy'r adeg, gan gynnwys chwedlau a hanes Cymru. Mi fydda i'n rhoi baner Owain Glyndŵr a Dewi Sant i fyny bob blwyddyn ar ddyddiau gŵyl, mae posteri a lluniau o Gymru ym mhobman o gwmpas y tŷ – mae gen i 14 o lwyau caru uwch fy mhen i yma, rhywbeth na fyddwn i byth yn ei wneud os faswn i'n byw yng Nghymru!

Dwi'n ei wneud o'n ymwybodol yma, yn y gobaith ei fod o'n dod yn rhywbeth anymwybodol ynddyn nhw, y plant.

Rhywbeth dwi'n feddwl amdano o hyd ydi, *Beth fydd y sefyllfa os y cawn nhw blant?* Gan gofio hefyd mai hogia ydyn nhw a bod yr iaith – ddim bob amser, ond fel arfer – yn para drwy'r fam. Ond alla i ddim cario'r maen melin yna. Mae Cristian a finna wedi trio ein gorau ac allwn ni ddim gwneud mwy na mwmial 'O! bydded i'r heniaith barhau'!

TEULU CATRIN SCHEIBER

Teulu – Catrin Scheiber, ei gŵr, Fabian a'u merched, Sara a Ceira
O le yn wreiddiol Llanwnnen, Llanbedr Pont Steffan
Lle maen nhw rŵan? Luzern, y Swistir

Rho ychydig o dy gefndir imi – o le wyt ti'n dod yn enedigol, ychydig am dy fagwraeth a dy addysg, a pha mor fyw oedd y Gymraeg yn ystod dy blentyndod?

Ges i fy ngeni yng Nghaerfyrddin, yn Ysbyty Glangwili. Ro'n i'n byw mewn pentref bach o'r enw Cwrtnewydd, sydd rhwng Llandysul a Llanbed (Llanbedr Pont Steffan). Fues i'n byw yn y fan honno tan o'n i'n 14 oed, pan wnes i symud i bentref arall o'r enw Llanwnnen, sydd yn agosach at Lanbed, ddim ond ryw bum milltir tu fas. Mae Mam yn Gymraes o ardal Rhydcymerau, ar bwys Llanybydder, a gyda Dad, bydde fe'n ystyried ei hun yn Gymro nawr, rwy'n credu, ond roedd ei rieni'n dod o Loegr felly Saesneg oedd ei iaith. Cafodd Dad 'bach o sioc pan sylweddolodd e bod Mam yn bwriadu siarad Cymraeg gyda ni. Rwy'n ffaelu credu bod y pwnc heb ddod lan rywbryd ynghynt, cyn i fi gael fy ngeni, ond buodd tipyn o gwympo mas rhwng Mam a Dad ar y dechrau, mae'n debyg, oherwydd i Mam, roedd e'n rhywbeth amlwg i'w wneud, ond i Dad, doedd e ddim. Ond ie, yn y diwedd, dyfes i lan yn ddwyieithog. Roedd ochr Dad i'r teulu i gyd yn siarad Saesneg, ac ochr Mam i'r teulu i gyd yn siarad Cymraeg. Cafodd fy mrawd ei eni ddwy flynedd ar fy ôl i, felly mae gen i frawd iau, a hanner brawd hefyd oherwydd mae Mam a Dad wedi gwahanu erbyn hyn.

Siarad Cymraeg 'da'n gilydd oedd Gethin, fy mrawd, a fi, ac aethon ni'n dau i Ysgol Gynradd Cwrtnewydd, ac yna, i Ysgol Dyffryn Teifi yn Llandysul, sydd bellach yn cael ei hadnabod fel Ysgol Bro Teifi. Roedd y rhan fwyaf o blant Ysgol Cwrtnewydd yn mynd ymlaen i Lanbed, ond roedd Mam eisiau i ni fynd i ysgol ddwyieithog. Felly, ges i fy addysg drwy gyfrwng y Gymraeg. Fe ddysgais i Almaeneg a Ffrangeg hefyd, a dim ond ychydig o destunau pwnc roedden ni'n eu gwneud drwy gyfrwng y Saesneg. Roedd fy ffrindiau i gyd yn siaradwyr Cymraeg iaith gyntaf, llawer o rai wedi dod i Ysgol Dyffryn Teifi gan nad oedden nhw eisiau mynd i ysgolion mwy Seisnigaidd. Rwy'n dal mewn cysylltiad gyda fy ffrindiau gorau o'r ysgol hyd heddiw. Maen nhw'n byw ar wasgar ond i gyd yng Nghymru, mwy neu lai.

Oes gen ti gysylltiadau â Chymru o hyd y tu hwnt i dy gyfoedion? A oes gen ti deulu yn parhau i fyw yno?

Mae Mam erbyn hyn yn byw yn sir Benfro, jest tu fas i Abergwaun, ac mae Dad yn dal i fyw yn y tŷ lle dyfon ni lan yn Llanwnnen. Mae ei bartner newydd e'n Gymraes, ac felly mae gen i hanner brawd, Osian, sy'n Gymro. Mae'n ddoniol gan fod Dad, erbyn hyn, yn siarad Cymraeg gydag Osian, felly mae e wedi troi yn llwyr! Rwy'n eu gweld nhw pan fydda i'n mynd gartref – fi yn sir Benfro gyda Mam tipyn bach, ac mae Mam yn dod mas fan hyn yn aml iawn. Mae Gethin yn byw yng Nghaerdydd gyda'i wraig, Sian, a ddaw o ardal Llanbed. Fuon ni yn ôl yng Nghymru ddiwethaf pan oedd Gran, ar ochr Dad i'r teulu, yn troi'n 90. Ym mis Mehefin, 2023 oedd hynny, ac roedden ni'n Ninbych-y-pysgod. Ond hyd yn oed ar ochr Saesneg y teulu, mae llawer o Gymraeg.

Dyweda wrtha i am dy blant. Oes yna dalcenni caled wedi dy wynebu di wrth drosglwyddo'r Gymraeg iddynt?

Mae Sara Gwen yn wyth a Ceira Megan yn bedair. O ran trosglwyddo'r iaith, wnes i feddwl lot am y peth cyn i Sara gael ei geni. Mi wnes i feddwl yn ddwys sut fyddwn i'n gwneud pethau a pha mor bwysig oedd y trosglwyddo i fi. Roedd lot o bobl yn dweud wrtha i bod Saesneg mor bwysig, gan ddweud i mi edrych ar beth oeddwn i wedi gallu ei wneud gyda fy mywyd gan fy mod i'n siarad Saesneg. Wrth gwrs, gyda'r swyddi fi wedi eu cael dramor – roeddwn yn gweithio mewn prifysgol yn Vienna flynyddoedd yn ôl, mewn coleg preifat wedyn o 2010 tan 2013, ac rwyf bellach yn bennaeth swyddfa rhyngwladol y brifysgol ym Mhrifysgol Luzern – mae'r ffaith fy mod i'n siarad Saesneg fel iaith gyntaf wedi bod o fudd mawr i fi. Ond, daeth e'n glir i fi'n glou y bydden i jest ffaelu siarad Saesneg gyda nhw. Ro'n i'n gwybod fy mod i'n mynd i siarad Cymraeg gyda nhw, felly wnes i feddwl sut fydden i'n mynd ati i wneud hynny. Fe ddarllenais i lot o lyfrau am faint o *input* fydde isie arnyn nhw er mwyn eu galluogi i ddeall yr iaith a'i siarad hi'n ôl. Weles i bod isie o leiaf 30%, a dyna felly oedd y *magic number*.

    Ro'n i'n lwcus iawn gyda Sara. Roedd hi'n dweud wrtha i o'r dechrau taw

Cymraeg oedd ei hiaith orau hi! Roedd hi fel petai'n licio'r ffaith bod gennym iaith gyfrinachol. Mae hi'n lwcus bod sawl person wedi dweud o'i blaen hi, 'W, dyna dda dy fod di'n siarad Cymraeg!' ac 'W, dyna dda bod dy fam wedi pasio'r iaith ymlaen iti!' Rwy'n credu bod clywed y pethau yna'n gallu gwneud gwahaniaeth i blentyn.

Rhywbeth arall wnaeth helpu, yn enwedig gyda Sara, oedd bod Mam wedi dod draw. Roedd hi'n dod draw am ddeufis ar y tro ambell waith. Mae shwt beth i'w gael â Toniebox, a ti'n gallu recordio pethau dy hunan arno fe. Felly, buodd Mam yn recordio ei hun yn darllen llyfrau i Sara. Dyna beth oedd Sara yn ei wneud cyn mynd i'w gwely – bydden i'n darllen iddi o lyfr a bydde Mam yn darllen iddi o bell drwy'r Toniebox!

Mae dwy gyfneither gan Sara a Ceira yr un oedran â nhw, sef merched fy mrawd. Mae Ffion flwyddyn yn iau na Sara, a dim ond mis neu ddau sydd rhwng Mali a Ceira. Rwy'n credu bod hynny'n helpu. Yn lwcus iawn hefyd, beth ddigwyddodd yn weddol glou oedd bod Sara yn penderfynu siarad Cymraeg gyda Ceira. Erbyn hyn, pan maen nhw'n chwarae gemau, maen nhw'n gwneud hynny'n Saesneg, sy'n ddiddorol gan bydden i'n disgwyl iddyn nhw wneud e yn Almaeneg. Ond pan maen nhw'n esgus, maen nhw'n troi i'r Saesneg, yna'n sydyn reit, maen nhw'n newid i'r Gymraeg os ydyn nhw angen rhoi unrhyw eglurhad dros y rôl maen nhw'n ei chwarae!

Gyda Sara, sa i'n credu bod ei Chymraeg hi'n yr un lle â phetai hi'n byw yng Nghymru, ond mae ei darllen hi'n arbennig o dda yn y Gymraeg. Mae hi'n wyth oed, ond fan hyn, dydyn nhw ond yn dechrau dysgu sut i ddarllen Almaeneg yn yr ysgol pan maen nhw'n ryw chwech i saith oed, felly dim ond ers blwyddyn mae hi'n dysgu Almaeneg. Mae'r system addysg yn wahanol yma, maen nhw'n canolbwyntio mwy ar yr ochr gymdeithasol a gwneud yn siŵr bod plant yn dod ymlaen gyda'i gilydd yn gyntaf. Ar y dechrau, ro'n i'n poeni pryd y bydden nhw'n cael dechrau gwneud pethau o ddifrif yn yr ysgol, ond erbyn hyn, rwy'n gallu gweld bod y system wedi talu ei ffordd. Erbyn hyn, mae Sara yn gyffyrddus iawn yn y tair iaith.

Ti wedi trafod dy gysylltiadau yn ôl yng Nghymru, ond oes gen ti gysylltiadau Cymraeg yn agos atat yn ddaearyddol? Hynny yw, wyt ti'n adnabod rhywun sy'n byw yn gymharol agos atat ti fyddai'n ystyried eu hunain yn Gymry?

Does yna ddim byd, ond beth ddigwyddodd unwaith oedd, ro'n i'n eistedd mewn caffi lleol, ac roedd Sara yn bedair ar y pryd. Ro'n i'n eistedd ar bwys pobl a meddyliais, 'Mae hi newydd siarad Cymraeg'! Doedd hyn erioed wedi digwydd i fi yn y Swistir o'r blaen a doeddwn i'n methu â chredu'r peth. Gwrandawes i eto, a meddylies i, 'Na, na, fi'n siŵr o fod yn mynd yn ddwl!' Ond wedyn, sylweddoles i eto ei bod hi newydd droi at ei mab a siarad gyda fe yn y Gymraeg!

Felly, ddywedes i rywbeth yn uchel iawn wrth Sara yn y Gymraeg, jest i destio! A chyn gynted ag y gwnes i hynny, trodd hi ei phen a wedodd hi, 'Chi'n siarad Cymraeg!' a wedes i, 'Ydw, chi hefyd!' Ond beth oedd yn anlwcus iawn am y peth oedd, roedd y fenyw hon o Gaerfyrddin, ac roedd hi'n symud yn ôl i Gymru! Roedd hi wedi bod yn byw drosodd yn y Swistir ers dwy flynedd ac roedd y mab yn ei hateb mewn Almaeneg, er ei bod hi'n siarad Cymraeg gydag e! Ond ie, roedden nhw ar fin symud yn ôl i Gaerfyrddin. Roeddwn wedi bwriadu cadw cysylltiad yn well gyda hi achos mae ei gŵr hi'n dod o'r ochrau hyn, ac rwy'n gobeithio y bydd hi'n symud yn ôl! Ond smo fi wedi edrych lot fel arall, sa i'n gwybod shwt!

O ran diddordeb, sut mae acen y merched yn swnio? A ydi hi'n acen hybrid?

Mae fy ffrindiau yng Nghaerdydd, sy'n wreiddiol o Gastellnewydd Emlyn, yn dweud eu bod nhw'n siarad fel fi, felly fel ffarmwr o orllewin Cymru! Ond rwy'n sylwi nawr bod dylanwad yr iaith Almaeneg ar eu hacen hefyd. Er enghraifft, smo nhw'n dweud 'wedi', maen nhw'n dweud 'fedi', ac mae hynny'n dangos ychydig bach yn y Saesneg hefyd. Rwy'n eu cywiro tamed bach, ond smo fi moyn eu hala nhw'n grac ac rwy'n gwybod smo ti i fod i gywiro gormod. Ond rwy'n ceisio ailddweud pan fi'n gallu. Pan mae Sara yn darllen yn uchel, rwy'n ei chywiro hi fwy, ond dim cymaint ar lafar.

Ydi dy ŵr yn gefnogol dros drosglwyddo'r iaith Gymraeg ymlaen i'r plant?

Mae fy ngŵr, Fabian, yn dod o'r ardal hon, a doedd ganddo ddim problem fy mod i'n siarad Cymraeg gyda nhw. O wybod beth oedd wedi digwydd rhwng fy rhieni i, wnes i ofyn iddo, 'Wyt ti'n siŵr bo' ti'n mynd i fod yn iawn 'mod i'n siarad Cymraeg gyda nhw, o dy flaen di, a bo' ti ddim yn mynd i ddeall hanner beth sy'n mynd ymlaen?' A whare teg, doedd dim ots gydag e, ac erbyn hyn, mae e'n deall shwt gymaint. Mae'n siŵr o fod yn deall mwy na lot o bobl sy'n byw yng Nghymru ac sydd ddim yn clywed y Gymraeg yn ddyddiol.

Unrhyw beth rwy'n teimlo sydd eisiau ei gyfieithu iddo fe, rwy'n gwneud hynny i'r Almaeneg neu'r Saesneg. Roedden ni'n dau'n arfer siarad Almaeneg gyda'n gilydd, ond newidion ni i Saesneg pan gafodd Sara ei geni, gan siarad cymysgedd nawr. Ro'n i moyn i'r plant fod â'r gallu i siarad Saesneg hefyd, ac mae popeth i'w weld wedi llwyddo yn y pen draw..

Ydi'r merched yn ymwybodol o wyliau cenedlaethol sy'n digwydd yng Nghymru?

Maen nhw'n licio pice ar y maen! Fi'n cwcan lot gyda nhw ac yn prynu llawer o lyfrau lliwio yn y Gymraeg. Rhywbeth mae Sara wir yn ei licio yw'r llyfr 'ma am Dewi Sant a gwneud y pethau bychain, felly maen nhw wir yn licio dysgu am bethau fel yna. Ry'n newydd gael llyfr arbennig o neis ambytu dynes o'r enw Gwen John, sy'n dod o Ddinbych-y-pysgod ac a ddaeth yn arlunydd enwog, maen nhw wir yn licio clywed am bobl enwog o Gymru, felly rwy'n bwriadu prynu mwy o lyfrau felly iddyn nhw.

Rwyt ti'n sôn am y llyfrau ac ati, ond wyt ti'n credu bod yna ddigon o ddarpariaeth o bethau fel hyn gan y Cymry Cymraeg ar gyfer Cymry sy'n byw dramor, neu a oes bylchau i'w llenwi?

Rwy'n prynu lot o lyfrau, felly fi'n dda gyda'r llyfrau. Rwy'n cychwyn nawr ar y gyfres 'Bananas Gwyrdd' gyda Sara, wedyn fydda i'n symud ymlaen at y glas a'r coch, a'r rheiny i gyd. Beth sy'n drueni – a beth fi ddim yn ei wneud mor dda nawr o'i gymharu â sut o'n i ar y dechrau – yw rhaglenni teledu. Maen nhw'n gallu bod yn help mawr gyda'r ieithoedd. Smo ni wedi gadael iddyn nhw wylio gormod yn yr Almaeneg, ond ry'n ni'n weddol hapus i adael iddyn nhw wylio rhai yn y Saesneg, ond gyda'r Gymraeg, bydden i'n dweud wrthyn nhw i glatsio bant gyda'r rheiny! Dyna be licen i weld mwy ohono.

Maen nhw'n joio'r Kindle yn fawr, ond mae popeth maen nhw'n ei wneud ar Kindle, bron â bod, yn Saesneg, ac mae popeth ar Netflix yn Saesneg. Felly, os bydde pethau'n y Gymraeg ar Kindle neu Netflix bydden i *straight on it*. Fues i'n meddwl prynu DVDs at y Nadolig, fel *Siôn Blewyn Coch*, achos rwy'n cofio gymaint joies i hwnnw pan o'n i'n fach!

A oes yna heriau yn dy wynebu fel un o'r Cymry dramor sy'n magu eu plant drwy'r Gymraeg? Heriau na fydden ni fel Cymry sy'n byw yng Nghymru yn eu hystyried, efallai?

Ro'n i'n becso mwy o'r blaen, pan oedd Sara yn dechrau yn yr ysgol, y bydde safon ei Chymraeg hi'n gostwng. Ond dyw e heb ddigwydd 'to ac mae hi wedi bod yn yr ysgol ers tair mlynedd bellach. Beth sydd wedi fy helpu i yma yn y Swistir yw'r ffaith nad ydyn nhw yn yr ysgol braidd ddim! Maen nhw'n gadael am hanner dydd! Felly, o ran yr iaith, mae hynny wedi bod yn fuddiol. Rwy'n gweithio 80% ers tua blwyddyn, ond cyn hynny ro'n i'n gweithio beth maen nhw'n alw'n 70%, sydd yn dri diwrnod a hanner, ac roedd diwrnod a hanner 'da fi yn ystod yr wythnos gyda nhw. Mae hynny wedi bod yn help i gadw'r Gymraeg, rwy'n credu. Mae fy ngŵr a finnau wedi gwneud yn siŵr mai fi sydd gyda Sara pan mae hi gartref o'r ysgol oherwydd doedden ni ddim yn teimlo bod angen mwy o *input* y gŵr yn Almaeneg na'r Saesneg arni, ond yn hytrach fy *input* i yn y Gymraeg.

Ar y dechrau, doeddwn i ddim yn meddwl 'mod i'n mynd i'w dysgu hi sut i ddarllen na sgwennu yn y Gymraeg. Roedd y disgwyliadau oedd gen i lawer yn is na beth ydyn nhw nawr! Bydden i wedi bod yn hapus i siarad Cymraeg gyda hi ac iddi siarad Cymraeg yn ôl gyda fi. Ar ôl gweld bod hynny wedi gweithio'n dda, sylweddoles i bod rhaid i fi ddysgu hi i ddarllen a sgwennu yn y Gymraeg, neu dim ond fi fyddai'r *input*. Os yw hi'n gallu darllen, mae hi'n gallu cael *input* o ffynonellau eraill. Rwy'n bwriadu gwneud yn siŵr bod y darllen yn parhau a'i bod hi'n cadw lan gyda'r safon drwy ddarllen llyfrau sy'n gyson gyda'i hoedran hi. Mae hi'n rili licio darllen, mae hi'n lwcus. *Rwy'*n lwcus o hynny hefyd!

Rwy'n credu hefyd bod pobl wedi'u hala nhw i deimlo'n dda am yr iaith, pawb yn meddwl ein bod ni'n siarad fel cymeriadau o *Lord of the Rings*, ac mae Sara yn joio clywed 'na! Un peth rwy'n llym iawn amdano yw fy mod i ddim yn newid yr iaith gyda'r plant i unrhyw un. Fi'n meddwl i fy hunan, os yw fy ngŵr i wedi gorfod rhoi lan â pheidio a deall popeth, smo fi'n mynd i fecso am gymdogion sydd ddim yn deall ac ati. Ro'n i'n gwybod, cyn gynted â bydden i'n troi'r iaith gyda'r merched, bydden i'n troi gormod, a bydden nhw'n meddwl, 'O! Mae Mam yn gallu siarad Saesneg ac Almaeneg hefyd!' Ond sdim siawns y bydden i'n siarad Almaeneg 'da nhw, a pham fydden i moyn siarad Saesneg 'da nhw? Felly ie, falle fy mod i wedi ypseto un neu ddau ar hyd y ffordd, ond sa i'n rili becso!

Beth am dafodiaith? Ydi'r ffaith bod cymaint o acenion yng Nghymru yn drysu'r merched?

Maen nhw wedi bod yn gwylio Peppa Pinc yn y Gymraeg, sydd mewn iaith ogleddol. Ond ar y cyfan mae rhaglenni Cymru yn weddol dda am wneud cymysgedd a chael rhai cymeriadau sy'n siarad gydag acen ogleddol, a rhai cymeriadau sy'n dod o'r de.

Gyda Sara, pan mae hi'n gweld gair fel 'crio' mewn llyfr, 'llefen' mae hi'n ddweud wrtho i. Gyda llyfrau Cymraeg sydd wedi eu hysgrifennu'n fwy gogleddol, penderfynes i ddarllen y gair sy'n y llyfr a dweud y gair mae hi'n ei wybod ar ei ôl e. Bydden i'n dweud, 'Crio, ti'n gwybod beth yw 'na? Llefen.' Ro'n i'n meddwl, mae'n rhaid iddi ddeall y geiriau yna hefyd, achos mae rhai o'r geiriau gogleddol yn fwy safonol, neu *vice versa*. Mae hynny'n 'bach o sialens.

Os ga i ddweud, dydi hi ddim yn swnio fel bod y Gymraeg wedi bod yn orfodaeth ar dy blant o gwbl, a'i bod hi'n hytrach wedi cael ei chyflwyno'n gwbl naturiol iddyn nhw. Fyddet ti'n cytuno efo'r datganiad yna?

Byddwn. Mae Sara yn hoff iawn o ganu ac ati hefyd, ac mae Mam a fi wedi bod yn trafod y bydde hi'n gallu cystadlu yn yr Eisteddfod fel Cymraes o dramor! Yn ddiweddar, mae hi wedi dysgu'r gân *Chwarae'n troi'n Chwerw*, ac mae hi'n joio! Rwy'n ei recordio hi ac yn gyrru'r fideo draw at Mam. Mae Mam wedyn yn dda am hala mwy o gerddoriaeth draw fel Yws Gwynedd! Mae Sara yn joio'r caneuon pop mwyaf diweddar yn fwy na fi!

Os fyddet ti'n gallu crynhoi pa mor bwysig yw trosglwyddo'r iaith iti, sut fyddet ti'n gwneud hynny?

Rwy'n credu 'mod i bob tro'n sylweddoli taw iaith y galon oedd y Gymraeg. Er bod pobl yn dweud, 'Mae Saesneg yn mynd i fod yn fwy o fudd iddyn nhw,' ro'n i'n gwybod o'r dechrau fy mod i ffaelu mynd ar ôl beth oedd yn gwneud y mwyaf o synnwyr yn economaidd, ond beth oedd yn y galon.

O ran y berthynas sydd gyda ti 'da dy blant, er mai Saesneg yw iaith fy nhad, rwy'n credu bod rheswm pam ein bod ni'n dweud *mam*iaith. Ti'n *teimlo* rhywbeth tuag at iaith dy fam, felly roedd hyn i gyd bob tro'n glir i fi, doedd e ddim yn syrpréis. Ond beth *oedd* yn syrpréis oedd fy mod i wedi paratoi fy hunan at gael fy siomi. Ro'n i wedi darllen cymaint am sut roedd pobl wedi trio'n galed iawn ac wedi methu [trosglwyddo iaith], ac ro'n i'n barod i dderbyn bod pethau falle ddim am fynd fel ro'n i'n gobeithio. Ond cyn gynted ag y sylweddoles i bod hyn yn gweithio heb orfodaeth mewn unrhyw ffordd, rwy'n credu bod e wedi fy helpu i deimlo'n fwy cartrefol fan hyn nawr gan fod dwy fach gyda fi sy'n gallu siarad Cymraeg yn ôl. Heb hynny, rwy'n credu bydden i wedi teimlo mwy o hiraeth am Gymru.

Mae'n hyfryd fy mod i'n gallu siarad Cymraeg gyda nhw drwy'r dydd, ond rwy'n sylweddoli fy mod i'n lwcus. Falle dyw bob plentyn ddim am ddysgu, sdim ots beth mae'r rhieni'n ei wneud. Rwy'n credu ei bod hi'n dibynnu hefyd ar sut mae pobl eraill yn ymateb. Os ydyn nhw'n cael profiad gwael yn gynnar, gall hynny droi pethau. Ond un peth weda i wrthot ti yw stori am y noson gawson ni noson rieni gyda Sara. Mae hi bob tro'n ofnadwy o shei, yn enwedig os y'n ni yno gyda'r athrawes, ac mae hi i fod i egluro wrthon ni yn Almaeneg beth mae hi'n ei wneud yn yr ysgol. Ond wedodd yr athrawes, 'Does dim rhaid iti wneud yn Almaeneg, fi'n gwybod nid Almaeneg ti'n siarad gyda Mam, gwna fe'n Gymraeg, fi'n joio clywed ti'n siarad Cymraeg!' Roedd hynny mor neis, bod yr athrawes wedi ei hannog hi. Pan mae pobl allweddol fel yna yn rhoi anogaeth, mae wir yn meddwl lot i'r plentyn.

TEULU ANDREW DIXEY

Teulu – Andrew Dixey, ei wraig, Zuzana a'u mab, Matko
O le yn wreiddiol Casnewydd, Pontypridd a Chaerdydd
Lle maen nhw rŵan? Poprad, Slofacia

Rhowch ychydig o gefndir imi – o le yng Nghymru rydych chi'n dod yn wreiddiol, pa mor fyw oedd y Gymraeg yn eich plentyndod, addysg ac ati?

O Gasnewydd rwy'n dod yn wreiddiol, er, dwi ddim wedi byw yno ers 45 mlynedd bellach. Doedd dim Cymraeg yn y teulu, ddim o gwbl. Yn yr ysgol, roedd y disgyblion yn mynnu cael ychydig o Gymraeg, ac roedd hynny'n anhygoel yn y 70au cynnar. Ond chafon ni ddim lot, ryw bedair gwers. A disgwyl nôl nawr, roedd yr iaith yn dod o'r 19eg ganrif rwy'n credu! Ond wnes i ddysgu Cymraeg yn oedolyn, pan oeddwn i tua ugain oed.

Mae Cymraeg wedi bod yn iaith gyntaf o ddewis i mi ers dros ddeugain mlynedd. Beth ddigwyddodd i fi oedd fy mod wedi penderfynu gwneud rhywbeth *drwy*'r Gymraeg, drwy ymuno â grŵp dawnsio gwerin yng Nghaerdydd. Gan fy mod yn cael fy nysgu drwy'r iaith, roedd hi'n dod yn hollol naturiol. Mae gwneud rhywbeth drwy'r iaith ganwaith yn well na gwneud Cymraeg fel pwnc.

Felly mi wnes i symud i Rydfelen ym Mhontypridd yn 25 oed a byw yno am ugain mlynedd gyda fy ngwraig gyntaf, ac ar ôl i'r briodas ddod i ben fe wnes i symud i Gaerdydd i fyw, gan weithio yn Sain Ffagan, yn yr amgueddfa.

Rhwng byw yng Nghasnewydd, Pontypridd a Chaerdydd, ydych chi'n cofio'r Gymraeg yn gryf o'ch cwmpas chi?

Cyn i fi fynd o Gasnewydd, roeddwn i wedi dechrau dysgu, ac o fewn tua phedair blynedd, roeddwn i'n weddol rhugl. Mi briodais un o'r dawnswyr gwerin a Chymraeg oedd yr iaith rhyngom ni. Fe wnaethom fagu merch a bachgen, Enfys a Meilyr, yn uniaith Gymraeg. Felly, mae gen i ddau o blant o fy mhriodas gyntaf, a nawr, ni'n byw yn Slofacia gan bod fy ngwraig yn Slofaces, ac mae Matko yn 11 oed. Cafodd ei eni yng Nghaerdydd, ond aethon ni oddi yno pan oedd e'n bump. Slofaceg yw ei famiaith e. Rwyf fi a fy ngwraig yn siarad Saesneg gyda'n gilydd, ond ar un adeg, roedden ni'n siarad Almaeneg gyda'n gilydd. Y rheswm am y newid oedd er mwyn ei helpu hi gyda'i gwaith pan oedd hi'n byw yng Nghaerdydd, ac mae hynny wedi parhau wedyn. I raddau, mae hyn wedi bod yn siomedig i fi oherwydd byddai'n well pe bydden ni'n newid i siarad

Slofaceg, o achos fy mod i wedi heneiddio lot, ac felly mae dysgu Slofaceg yn iawn nawr yn eithaf anodd. Ond wrth gwrs, fi wedi siarad Cymraeg gyda Matko erioed.

Mae byw yn Slofacia, i ryw raddau, fel byw yng Nghymru tua chan mlynedd yn ôl o ran agweddau rhai pobl. Mae Saesneg yn cael ei gweld fel iaith handi, lle chi'n gallu mynd bant gyda hi. Mae cael pobl i fynd dramor yn beth mawr yn Slofacia oherwydd mae'r cyflogau yn fan hyn dipyn yn llai nag yng Nghymru, er enghraifft.

Ar un adeg, yn y cyfnod y tu ôl i'r llen haearn, Rwsieg oedd yr ail iaith i bawb. Ond yn yr ardal sy'n agos i'r pentref yma, sef Ždiar, cyn yr Ail Ryfel Byd, Almaeneg oedd iaith sawl pentref. Roedden nhw wedi mewnfudo ac wedi cael eu gwahodd yma, gan nad oedd pobl yma yn yr 16eg ganrif. Ond i ni yn fan hyn, mae gennym iaith frodorol arall, sef Goral. Rydyn ni ar y ffin gyda Gwlad Pwyl i'r gogledd, ac mae Gwroleg fel rhywbeth rhwng Slofaceg a Phwyleg, er ein bod ni'n siarad Slofaceg.

Pe byddet ti'n mynd o Slofacia i Wlad Pwyl, fan hyn, gallet ti siarad Slofaceg a bydde'r bobl yn dy ddeall di. Os wyt ti'n mynd i Warsaw, bydden nhw ddim yn dy ddeall di. Slofaceg maen nhw'n ei dysgu yn yr ysgol fan hyn, Tsieceg maen nhw'n ei ddysgu yn y Weriniaeth Tsiec! Yn ieithyddol, mae'n ddiddorol.

Pa mor hawdd, neu pa mor anodd y mae'r broses o siarad Cymraeg wedi bod efo Matko yng nghanol yr hybrid ieithyddol yma?

Mae hi wedi mynd yn anos ers inni symud i fyw i fan hyn, achos fel arfer, fi yw'r unig un sy'n siarad Cymraeg gydag e. Gyda Matko, roedd e am bum mlynedd yng Nghaerdydd, ac roedd e'n clywed fi'n siarad Cymraeg gyda phobl o gwmpas yr amgueddfa. Dyna oedd yn naturiol yng Nghaerdydd, ac mae'n anos yma heb y cyd-destun hwnnw. Ond gyda'n teulu ni yn dod draw, a ninnau'n mynd draw i Gymru ambell waith, mae'n gweld yr iaith yn ei chyd-destun. Dyw hi ddim yn rhywbeth ynysig wedyn.

Gyda gwyliau cenedlaethol, oes yna rai rydych chi'n eu dathlu draw yn Slofacia?

Mae yna wyliau banc di-ri yma! Ry'n ni newydd gael dau. Y Slovak National Uprising, ac ni newydd gael gŵyl y banc am y Velvet Revolution hefyd, sy'n ymwneud â phan wahanodd y Weriniaeth Tsiec a Slofacia. Ry'n ni hefyd yn cael gŵyl y banc i ddathlu ein bod yn rhydd o'r Soviets – llawer o bethau felly.

Ond beth sydd yn fan hyn yn wahanol i Gymru yw ein bod ni'n cael pethau lleol. Mae pethau fel y traddodiad dawnsio gwerin yn rhywbeth sy'n dal yn fyw yma, ac mae'r wisg yn wahanol o bentre i bentre. Mae'r traddodiad wedi para, dyw ddim yn rhywbeth y bydde rhaid iti fynd i amgueddfa i ddysgu beth yw e, mae e yma. Cyn y Covid, roedd tair cyfres deledu gyda chystadlaethau, debyg i *The X Factor*, ond bod pobl yn gwneud pethau traddodiadol. Dawnsio a chanu gwerin, canu offeryn gwerinol ac ati. Roedd hyn yn boblogaidd dros ben.

Mae'n rhywbeth mae rhai yn ceisio'i droi yn boliticaidd. Mae yna wahaniaethau mawr iawn rhwng rhai ardaloedd sy'n weddol agos at ei gilydd. Er enghraifft, mae'r pentre yma gyda'u gwisg eu hunain. Mae pentre ryw 6km i ffwrdd gyda'r un math o beth, ond mae rhywun yn gallu dweud gyda'r gwahaniaethau bach bod rhywun yn dod o'r fan yna. Mae menywod yn gwisgo sgertiau du fan hyn, ac mae menywod 6km i ffwrdd yn gwisgo sgertiau glas golau. Roedd hynny'n syndod i fi, gweld cymaint o wahaniaeth mewn pellter byr.

O feddwl am bob dim rydych chi newydd ei ddweud, a oedd hi'n sioc ddiwylliannol fawr symud o Gaerdydd i Slofacia?

Dim cymaint â hynny, oherwydd roedden ni wedi bod yn dod fan hyn (i Slofacia) am ddeng mlynedd cyn inni symud yn barhaol. Felly, doedd hi ddim mor wahanol â hynny. Roedden ni wedi bod yn bracso wrth y lan cyn twlu ein hunain i'r môr mawr!

Oes yna gysylltiadau yn dal i fod yng Nghymru, felly?

Adeg y gaeaf, mae sgio yn beth mawr fan hyn, felly mae fy chwaer a'i gŵr yn dod draw, ac mae Enfys, fy merch, a'i phlentyn yn dod yma. Aethon ni i gyd ar ein gwyliau i Croatia eleni, ac mae hi'n neis gweld Matko a Wil, fy ŵyr, jest yn siarad gyda'i gilydd. Mae gan Wil ben ar ei ysgwyddau sy'n o leiaf 35 mlwydd oed! Mae Cymraeg ei neiniau ganddo fe. Roedd ei nain, fy nghyn-wraig i, yn athrawes, a'i fam-gu ar yr ochr arall, hi wnaeth gynhyrchu SwperTed! Felly, mae iaith Wil yn anhygoel. Mae'n neis eu clywed nhw'n siarad Cymraeg yn hollol naturiol â'i gilydd, ac yn twlu ambell air Saesneg i mewn pan maen nhw angen gwneud hynny, fel rydyn ni'n ei wneud.

Mae eich Cymraeg chi'n dal i fod mor gryf, sut mae hynny'n cael ei gadw?

Rwy'n siarad gyda Matko bob dydd yn y Gymraeg, ac rwy'n darllen lot o Gymraeg. Rwy'n mwynhau gwaith John Alwyn Griffiths, mae ganddo fe gyfres dditectif. Mae rhes ohonyn nhw gyda fi yma! Rwy'n darllen pethau ar y we, ac mae'r we wedi bod yn handi iawn o ran hynny. Mae Matko nawr wedi dechrau gyda'r ysgol Gymraeg, Ysgol Sadwrn. Mae'r ysgol yna wedi gwella ei agwedd i ryw raddau oherwydd, mae'n gallu bod yn faich arno fe i jest siarad gyda fi o hyd. Felly, mae'n neis iddo fe gael siarad Cymraeg gydag eraill, ac mae wedi gwella'n rhyfeddol.

Mae'r athrawon, yn amlwg, gyda phrofiad mawr yn y maes o ddysgu Cymraeg fel ail iaith i blant. Ond gyda phopeth Cymraeg sy'n cael ei ddweud, maen nhw'n ei egluro fe drwy gyfrwng y Saesneg. Felly, wnes i awgrymu y byddai'n syniad iddyn nhw feddwl am ddysgu'r plant fel petaen nhw'n dod o'r Wladfa. Nawr, ni fyddai esbonio pethau'n Saesneg yn gweithio yno, na fyddai? (Sbaeneg yw iaith genedlaethol y Wladfa). Ond yng Nghymru, rwy'n siŵr mai dyma beth maen nhw'n ei wneud.

Mae Ysgol Sadwrn wedi gwella wrth iddi ddatblygu. Mae wedi gwella unwaith eto ar ôl imi roi fy adborth yn ôl. Roedd y brifathrawes yn gweld fy mhwynt i gan ei bod hi eisiau mwy o blant i fynychu'r ysgol, ond roedd hi'n deall hefyd na fyddai lot ohonyn nhw'n siarad Saesneg.

A thu hwnt i gyrff megis Ysgol Sadwrn, a oes yna fwy o ffyrdd y gall y Cymry hwyluso eich mynediad at y Gymraeg fel rhywun sy'n byw dramor? S4C Clic, cyfryngau cymdeithasol ac ati?

Mi wnaethon ni rywbeth yn yr ysgol gyda chylchgrawn *Cip*. Ond, mae'n anodd. Dwi'n siŵr bod plant yng Nghymru yn gallu cwrdd lan, darllen drwy *Cip* a chwerthin. Ond gyda Matko, mae'n rhaid i fi fynd drwy'r cylchgrawn gyda fe achos mae'n rhaid imi esbonio pam fod jôc yn ddoniol, ambell waith. Mae llyfrau Asterix yn y Gymraeg gyda ni yma, ond ta beth am 'ny, dyw e ddim yn deall y jôcs. Felly, os nad wyt ti'n mynd i fod yn blentyn sy'n byw yng Nghymru, mae'n mynd i fod yn anodd dros ben. Ry'n ni'n darllen bob nos – yn darllen Cymraeg bob yn ail â Harry Potter. Llyfrau am bêl droed fel *Fi ac Aaron Ramsey* gan Manon Steffan Ros wedi taro rhywbeth gyda fe. Gyda'r darllen, rwy'n synnu ambell waith. Os yw'n colli pedwar diwrnod, mae'n dod yn ôl ac mae'r darllen yn araf dros ben. Ond os wyt ti'n ei wneud e, deng munud bob nos, mae'n gwella, gwella, gwella. Mae'n rhaid iti ymroi felly, mae'n rhaid rhoi'r amser yna iddo fe achos dyw'r amser yna ddim yn dod yn ôl.

Oes gennych chi unrhyw synnwyr o gymuned Gymraeg o'ch cwmpas chi?

Rwy'n gwybod am foi o Gymru oedd yn gweithio yn yr amgueddfa ar un adeg ac mae e'n byw yn Slofacia, ond tua thair awr i ffwrdd oddi wrtha i. Dyna'r unig Gymro arall yma. Dim ond rhyw saith milltir yw Gwlad Pwyl o'r fan hyn, ac rwy'n gwybod am rai yn Warsaw sy'n Gymry, ond neb i'r de o Wlad Pwyl. Felly, hyd y gwn i, ni yw'r unig deulu sydd â phlentyn o fewn pedair awr i ni sy'n siarad Cymraeg ar yr aelwyd.

Ydi hyn yn gallu bod yn brofiad unig, neu a ydych chi'n parhau yn ddigon agos at eich cysylltiadau yng Nghymru fel eich bod, mewn ffordd, yn gallu cael y gorau o'r ddau fyd?

Mae teulu'n cadw'r cysylltiad yna. Beth rwy'n ei golli yw'r canu, a dyw Matko ddim yn gwybod yn ei gorff bod e'n colli hynny. Pan oedd e'n blentyn, roedd llais hyfryd gydag e! Dau fis wnaeth e mewn ysgol yng Nghaerdydd cyn symud fan hyn. Ond pe bydde wedi aros fan 'na, bydde fe wedi bod mewn côr, yn cystadlu yn Eisteddfod yr Urdd ac ati. Dyna beth sy'n golled i fi. Nid byw yng Nghymru sy'n golled i fi, does dim lot o hiraeth gen i am hynny. Ond colled o'r 'pethe'. Pethau mae bywyd Cymraeg a Chymreig yn eu cynrychioli yn eu cyfanrwydd.

O ran eich gobeithion ar gyfer y dyfodol o ran cadw'r Gymraeg yn eich mab, ydych chi'n credu eich bod chi wedi gwneud eich gorau efo'r trosglwyddo?

Bydden i'n siomedig *dros ben* pe bydde Matko yn colli ei Gymraeg, ond rwy'n weddol hyderus na fydd e. Rwy'n credu bod e wedi pasio'r bont honno, 6 i 8 oed yw'r bont medden nhw, ac os wyt ti'n parhau gyda'r iaith ar ôl hynny, mae hi yn aros ynot ti, er yn sigledig. Ond rwy'n gweld dyfodol disglair i Matko, fel golau o'r nefoedd yn dod i lawr! Bydde fe'n llysgennad i Gymru annibynnol yn Slofacia, ac os nad llysgennad, gallai fod yn swyddog uchel gan ei fod yn siarad Cymraeg, Saesneg a Slofaceg heb broblem. Dyna fydd ei ddyfodol e yn fy mhen i!

TEULU LLŶR ROWLANDS

Teulu – Llŷr Rowlands, ei wraig, Cindy a'u merched, Efa a Nia
O le yn wreiddiol Brynaman a Llangadog
Lle maen nhw rŵan? Washington DC, America

Rho ychydig o gefndir imi – o le wyt ti'n dod yn enedigol, magwraeth, a pha mor fyw oedd y Gymraeg yn dy blentyndod?

Ges i fy ngeni ym Mrynaman, ac wedyn, wnaethon ni symud draw dros y mynydd i bentref Llangadog. Aethon ni o ardal lofaol, ddiwydiannol i ardal amaethyddol iawn yn Nyffryn Tywi. Y ddwy ardal yn ardaloedd Cymreig iawn, yn draddodiadol. Bues i'n byw yma tan i fi fynd i'r coleg. O ran Mam a Dad, roedd un yn dod o Ddyffryn Aman a'r llall yn dod o Ddyffryn Gwendraeth, felly'n amlwg, Cymraeg oedd iaith y cartref. Yn y dyddiau hynny, Cymraeg oedd iaith yr ysgol gynradd hefyd, ac roedd yna lawer o weithgareddau o ran y capel, yr Urdd ac ati drwy'r Gymraeg. Ac wedyn, es i i'r ysgol uwchradd yn Llanymddyfri. Roedd Llanymddyfri ychydig bach yn fwy Seisnigaidd o ran tref, ond roedd yna ffrwd Gymraeg yn yr ysgol. Ysgol gymharol fach, tua 400 o ddisgyblion, ac mae hi wedi cau ers 'ny. Ond roedd gen i lawer o athrawon ro'n i'n eu parchu fan 'ny. Roedd un athro yn benodol, athro Drama a Chymraeg, Ion Thomas, wnaeth gyflwyno lot o gyfleon actio, perfformio a siarad cyhoeddus imi yn y Gymraeg, felly roedd hynny'n fuddiol iawn. Ac wedyn wrth gwrs, es i i ffwrdd i'r brifysgol yn Rhydychen.

Oes gen ti gysylltiadau teuluol yng Nghymru yn dal i fod?

A bod yn gwbl onest, dim ond fi a fy mrawd wnaeth adael Cymru o ran y teulu a theulu estynedig. Mae pawb arall, fwy neu lai, yn byw yn yn y de-orllewin, y de-ddwyrain, neu, wrth gwrs, yng nghyffiniau Caerdydd. Yn amlwg, ry'n ni'n trio mynd yn ôl i Gymru o leiaf unwaith y flwyddyn, a thrio treulio pythefnos neu dair wythnos o leiaf yno gyda'r teulu.

Dwi ddim wedi byw yng Nghymru ers imi fod 'bytu deunaw oed. Es i bant i Loegr i fynd i'r brifysgol, wedyn wnes i fyw yn Llundain am ryw chwe, saith mlynedd. Ond dwi wastad wedi trio fy ngorau i gadw cysylltiad a mynd yn ôl, ac yn amlwg, cadw cysylltiad â theulu a ffrindiau.

Oedd y naid yn syth o Lundain i Washington wedyn, neu a oeddet ti'n byw mewn lleoedd eraill yn y canol?

Es i o Lundain i Washington gyda fy nghwmni cyfreithiol, wedyn fues i yn Washington 'bytu dwy flynedd a hanner. Wedyn, wnaeth y cwmni ennill cytundeb yn Kosovo, felly ges i'r cyfle i fyw yn y fan honno gyda'r cwmni, ac ro'n i yno 'bytu pum mlynedd a hanner.

Yn yr amser 'ny, nes i ddyweddïo, priodi, a chael y plentyn cyntaf. Wedyn 'ny, daethon ni'n ôl i America. Mae fy ngwraig yn wreiddiol o Richmond, Virginia, felly aethon ni'n ôl i fan 'ny a chael yr ail blentyn. Ar y pryd, ro'n i'n gweithio i gwmni arall ac yn teithio eithaf lot dramor. Yn 2015, ges i gyfle arall i fynd dramor eto ac aethon ni i Dde Affrica, a byw yno am bum mlynedd. Wedyn yn 2020, jest cyn i Covid gyrraedd ei anterth, ddaethon ni'n ôl i America, a ry'n ni wedi bod yn fan hyn wedyn ambytu tair blynedd a hanner.

Beth yw oedran dy ferched wedyn? Wyt ti wedi llwyddo i drosglwyddo'r iaith ymlaen o gwbl?

Mae'r hynaf yn 13 oed, a'r ieuengaf yn 10 oed. Dim ond Cymraeg dwi wedi'i siarad gyda'r ddwy, ers y dechrau. Dwi ddim yn siŵr beth oedd fy nisgwyliadau i ond yn amlwg, ro'n i moyn trio trosglwyddo'r iaith, roedd hynny'n bwysig iawn i fi. Mae'r ddwy yn deall, fwy neu lai, popeth rydw i'n ei ddweud, dim ond angen cyfieithu ambell beth cymhleth o bryd i'w gilydd. Mae'r hynaf yn gallu cynnal sgwrs ac ymateb hanner yn y Gymraeg a hanner yn Saesneg. Gyda'r ieuengaf, dwi'n credu taw mater o hyder yw e gyda hi, dyw hi ddim yn dueddol o ateb yn ôl yn Gymraeg ryw lawer. Ond yn amlwg, pan y'n ni'n mynd yn ôl i Gymru, mae mwy o gyfle, ac maen nhw'n dod yn fwy hyderus ac yn siarad tamed bach mwy.

Yn amlwg, y prif ben tost yw'r cyfleoedd i ymarfer y Gymraeg, dyw'r cyfleoedd hynny'n amlwg ddim yn taro mor aml yn Washington. Maen nhw'n amlwg yn ei chlywed gen i, Mam-gu a Tad-cu, fy mrawd pan mae'n ffonio, gweddill y teulu yn cynnwys fy nghefnder yn Nyffryn Tawe sydd â dwy o ferched yr un oedran â fy rhai i. Dwi'n trio eu hysgogi nhw i siarad Cymraeg gyda'i gilydd er mwyn iddyn nhw siarad yr iaith â phobl o'u cenhedlaeth eu hunain. Mae hynny'n bwysig. O bryd i'w gilydd, dwi'n gwrando ar bodlediadau Cymraeg yn y car, neu hyd yn oed yn dodi cerddoriaeth Gymraeg ymlaen fel eu bod nhw'n ei chlywed – Anhrefn a 'Rhedeg i Baris' er enghraifft!

Gwych, ac fel wyt ti'n ei ddweud, wrth i'r plant dyfu i fyny, dydi cyfleoedd i ymarfer eu Cymraeg gyda'u cyfoedion yn Washington ddim yn tueddu i amlygu eu hunain. Mae'r her sy'n wynebu rhywun yn fwy wrth gyrraedd yr oedran o fynd i'r ysgol uwchradd efallai, a dylanwad cyfoedion arnynt yn drymach?

Ie, yn bendant. Yn amlwg, maen nhw wastad wedi cael eu haddysgu drwy gyfrwng y Saesneg, felly siarad Saesneg maen nhw gyda'u ffrindiau i gyd. Golyga hynny taw'r unig berson maen nhw'n ei glywed yn siarad Cymraeg bob dydd yw eu tad. Er, mae fy ngwraig i'n gefnogol iawn ac yn deall eithaf lot, ond yn amlwg, o ran siarad, dim ond fi sy'n siarad yr iaith yn y tŷ.

Mae technoleg yn help. Dwi wedi trio ysgogi'r un ieuengaf i ddefnyddio Duolingo, jest er mwyn iddi glywed yr iaith o rywle gwahanol, a bod hi ddim jest yn rhywbeth dwi'n pregethu amdani. Mae hynny o help, o bryd i'w gilydd. Mae Ysgol Sadwrn yn syniad da ac yn brosiect arbennig. Yr unig broblem 'da hynny yw bod yr amseroedd weithiau ddim yn gyfleus gan fod bywyd yn brysur gyda'r plant, a phob math o chwaraeon a gweithgareddau ymlaen – mae pethau'n ddi-stop. Mae'n anodd cael amser penodol sy'n gweithio i'r ddwy.

Mae 'na Gymru Cymraeg yn Washington, ac mae 'na lot o ddysgwyr Cymraeg yma. Maen nhw'n dod at ei gilydd am de neu goffi ac i siarad bob mis. Ond, does dim plant fel y cyfryw. Bob tro ro'n i'n mynd yn ôl i Gymru, ro'n i'n prynu llyfrau Cymraeg i'r plant. Roedd 'na ambell i beth ar gael ar-lein, ond roedd yr opsiynau 'bach yn gyfyng. Yn amlwg, ar y dechrau hefyd, mae Cyw ar gael gan S4C, ac mae'r pethau sydd ar gael yn fwy addas o lawer i blant iau. Ond wrth fynd yn hŷn, dyw'r rhaglenni ddim ar gael iddyn nhw yn yr un modd, ac mae'n mynd yn anodd cystadlu â Disney.

Ia wir, yn enwedig yn y byd lle mae Netflix a PrimeVideo yn bodoli. Fyddet ti'n dweud bod y pontio rhwng y plant ifanc iawn ac oedolion ddim yn cael ei gyflawni'n ddigonol gan S4C?

Na, dyw e ddim. Ac hefyd, yn anffodus, dyw'r rhaglenni sydd ar gael yn rhyngwladol ddim yn cynnig cymaint ag y dylen nhw gynnig. Dwi'n gwybod bod amodau a chyfyngderau cyfreithiol ar gyfer beth maen nhw'n gallu ei ddarlledu'n rhyngwladol, ond pam na wnân nhw wneud rhyw fath o danysgrifiad wedyn, fel bod modd inni weld mwy o raglenni'n rhyngwladol? Dwi'n credu bod hynny'n rhywbeth fydde'n gweithio. Nid fy mod i eisiau cynghori S4C am eu ffordd nhw o weithio, ond mae rhywun yn gweld pa mor boblogaidd yw rhywbeth fel *Welcome to Wrexham*. Dwi ddim yn dweud celwydd wrth ddweud bod lot o bobl yn America wedi bod yn edrych ar y rhaglen yna. Lot. Ac mae fe ar gael ar-lein fan hyn hefyd, wrth gwrs.

Mae rhaglenni Cymraeg wedi bod ar Netflix, ond dydyn nhw ddim wedi apelio at y plant ar hyn o bryd. Ond rho di bum mlynedd arall a falle welwn ni newid. Roedd *Y Gwyll* ar Netflix, ond y fersiwn Saesneg, *Hinterland* oedd e. Roedd y rhaglen *Craith* hefyd, ac er taw Saesneg oedd iaith y rhaglen ar PrimeVideo (*Hidden*), roedd lot mwy o Gymraeg ynddi, ac isdeitlau i wylwyr oedd methu ei dilyn.

A chyn inni fynd yn ôl at y cwestiynau creiddiol, alla i ofyn fel rhywun sydd â diddordeb mewn cyfnodau o fyw dramor – beth oedd yn dy ddenu di?

Ers i fi weithio yn Llundain, ro'n i wastad yn gwneud gwaith rhyngwladol ac felly'n teithio eithaf lot. I fod yn gwbl onest, mae e'n addysg i unrhyw un i fynd mas i'r byd a gweld sut mae pobl yn byw. Dwi'n joio jest mynd mas a byw mewn llefydd gwahanol, a dwi'n credu bod hynny o fudd i'r plant hefyd. Cawson nhw amser arbennig yn Ne Affrica a gweld pethau dyw plant eraill ddim yn cael y cyfle i'w gweld, felly roedd e'n addysg arbennig iddyn nhw, o beth maen nhw'n ei gofio! Roedden nhw'n joio ar saffaris ym Mharc Cenedlaethol Kruger a gweld anifeiliaid yn eu cynefin, ac roedden nhw'n cael profi bwydydd De Affrica, yn stêcs estrys, pap, *bunny chow* a mwydod Mopane. Roedden nhw hefyd yn caru Cape Town a mynd lan Table Mountain, gweld y pengwiniaid yn Boulders Beach a delio gyda'r babŵns direidus yn Cape of Good Hope! Dwi wedi mwynhau cael byw bywyd rhyngwladol yn fawr iawn, ac mae hynny'n amlwg yn gwneud i rywun werthfawrogi beth sydd ganddo gartref yng Nghymru hefyd.

A phan wyt ti'n mynd yn ôl i Gymru, wyt ti'n gweld diddordeb yn cael ei gynnau yn y merched tuag at y diwylliant a'r iaith?

Ry'n ni wedi bod yn ôl sawl gwaith a mynd i'r Eisteddfod, er enghraifft, a ni'n mynd i'r capel pan rydyn ni gartref, yn enwedig dros y Nadolig. Ond yn amlwg, mae e wastad drwy fy llygaid i ac nid drwy eu llygaid nhw. Felly falle, mewn cwpl flynyddoedd, bydde fe'n gwneud lles iddyn nhw fynd i Lan-llyn neu i Langrannog i gymdeithasu gyda phlant eraill yn Gymraeg, a chreu cyfoedion. Dwi wedi edrych ar beth sydd ar gael yn y gwersylloedd hyn, a bydde fe'n rhywbeth arbennig pe baen nhw'n cynnal rhywbeth fyddai'n addas ar gyfer plant sy'n dod o dramor er mwyn hybu'r cysylltiad hwnnw. Neu wedyn, pan fydden nhw'n yr oedran i fedru mynd i wersylla, Maes B er enghraifft, a gwneud yr holl bethau ro'n i'n eu gwneud yn yr oedran 'na, byddai hynny'n brofiad arbennig iddyn nhw.

Er inni grybwyll hyn yn barod, efo dy wraig di, ydi hi'n deall y pwysigrwydd o dy ochr di i drosglwyddo'r iaith?

Ydi, mae hi wedi bod yn gefnogol iawn dros y blynyddoedd. Roedd hi'n fy ysgogi ac yn fy atgoffa i ddarllen i'r plant yn y Gymraeg gyda'r nos, ac roedd hi'n mynd i'r siop i brynu llyfrau Cymraeg pan roedden ni'n ôl yng Nghymru. Felly mae hi wedi bod yn gefnogol iawn.

Ac oes yna draddodiadau Cymreig wedi eu crybwyll adref, megis gwisgo cenhinen ar Ddydd Gŵyl Dewi?

Wrth gwrs! Roedd y plant yn arfer gwisgo lan mewn gwisg draddodiadol Gymreig ar Ddydd Gŵyl Dewi, ond mae'r ffrogiau wedi mynd yn rhy fach iddyn nhw erbyn hyn, mwy na thebyg! Ond ie, yn amlwg, ry'n ni'n cydnabod Dydd Gŵyl Dewi, hyd yn oed y'n ni jest yn gwisgo cenhinen a chrys pêl-droed neu rygbi Cymru. Felly, maen nhw'n ymwybodol iawn o bethau fel hyn a'u pwysigrwydd. Fydden i wedi mentro coginio cawl neu pice ar y maen, ond mae gas 'da fi gwrens!

Beth fyddai Cymru'n gallu ei gynnig yn ôl i'r Cymry dramor i hwyluso'r broses o drosglwyddo'r iaith ymlaen? Roeddet ti'n sôn am Ysgol Sadwrn, tanysgrifiadau S4C Clic ac ati, ond a oes unrhyw beth arall yn neidio i dy feddwl di?

Wel, un peth dwi'n ei wybod yw, os yw'r Llywodraeth o ddifrif am y darged o gyrraedd miliwn o siaradwyr Cymraeg, mae'n rhaid iddyn nhw wneud rhywbeth radical. Nid yng Nghymru yn unig, ond tu hwnt i Gymru hefyd. Yn anffodus, bydd Cymry Cymraeg yn dal i adael Cymru yn y dyfodol. Felly mae angen gwneud mwy o ymdrech i wneud y broses o drosglwyddo'r iaith i blant dramor yn fwy hwylus.

Dwi wedi cwrdd â sawl rhiant yn America, nid o ran y Gymraeg, ond o ran pob math o ieithoedd, ac sydd ddim yn eu trosglwyddo i'w plant. Mae'n lot rhwyddach siarad Saesneg gan fod y feithrinfa a'r ysgolion yn Saesneg, eu ffrindiau nhw'n Saesneg, partner uniaith Saesneg falle, felly maen nhw'n meddwl, 'Beth yw'r pwynt?'

Ond fel rhywun sydd wedi ei fagu yn y Gymraeg, ac sy'n teimlo'n gryf dros drosglwyddo'r iaith a *dyfodol* yr iaith, os nad ydw i'n gwneud fy ngorau i'w throsglwyddo, pa ddisgwyl sydd i'r iaith oreosi? Mae'n rhaid i bawb wneud ei ran. Dwi'n teimlo'n rhwystredig iawn weithiau, chi hyd yn oed yn clywed am Gymru Cymraeg sydd ddim yn trosglwyddo'r Gymraeg i'w plant nhw.

Felly ar ddiwedd y dydd, byddai pethau fel hwyluso tanysgrifiadau S4C, Ysgol Sadwrn, bydde hyn yn amlwg yn gwella pethau. Ond, ar ddiwedd y dydd, mae'n rhaid iddo ddod o'r galon. Mae'n rhaid i'r rhieni fod yn bwrpasol iawn o ran eu penderfyniad nhw o'r cychwyn bod y Gymraeg yn ddigon pwysig, a'u bod nhw'n mynd i'w throsglwyddo hi.

Dwi wedi clywed sawl un yn dweud nad oes pwynt trosglwyddo'r Gymraeg, teuluoedd sy'n byw dramor; maen nhw'n dweud nad yw'r plant byth yn mynd i'w defnyddio hi. Ac mae rhan o fy ateb i hyn yn dod o'r emosiwn a'r teimlad o berthyn [sydd gen i at Gymru], ond mae'r rhan arall o'r ateb yn datgan bod unrhyw iaith ychwanegol i'r plentyn yn beth da. Mae hynny wedi cael ei astudio, mae'n ffaith blaen. Mae'r hynaf gen i nawr hefyd yn dysgu Ffrangeg. Dyw'r meddylfryd o feddwl bod pethau'n rhwyddach os mai dim ond un iaith mae'r plentyn yn ei chlywed ddim wedi cael ei brofi mewn unrhyw fath o ymchwil gwyddonol. Felly, mae'r ffaith fod y plant wedi clywed dwy iaith ar yr aelwyd yn beth da i'w datblygiad nhw. Ac yn y dyfodol, pwy a ŵyr beth ddigwyddith? Ond o leiaf eu bod nhw wedi cael y sylfaen bod y Gymraeg yn y galon yn rhywle.

Ti wedi siarad yn fras am hyn, ond a oes yna gymuned Gymraeg dynn yn lleol, neu hyd yn oed un sydd fwy ar wasgar?

Oes, maen nhw'n dod at ei gilydd bob hyn a hyn, ac aethon ni am ginio Dydd Gŵyl Dewi atyn nhw. Roedd perfformwyr o'r Urdd wedi dod draw i berfformio yn Washington. Roedd hynny'n neis, ond roedd y rhan fwyaf o'r gynulleidfa'n hŷn, doedd dim plant yr un oedran â fy mhlant i yno. Yn amlwg wedyn, mae e'n anodd i'w cael nhw i ddod i weithgareddau felly. Ond mi ddôn nhw, a siarad Cymraeg â phobl sy'n rhan o bethau fel hyn. Felly, mae yna gnewyllyn yma sy'n gallu siarad Cymraeg, ond o ran plant, does dim llawer o gyfoedion 'da'r merched iddyn nhw allu cyfathrebu'n Gymraeg 'da nhw. Dyma lle bydde rhywbeth rhithiol falle'n gweithio, a falle dylse'r Urdd geisio ysgogi mwy ar aelodaeth plant rhyngwladol. Mae rhywun yn gweld bod yna gystadleuwyr o dramor yn dod i'r Eisteddfod erbyn hyn, ond beth am gymryd hynny gam ymhellach er mwyn ysgogi a chefnogi mwy o aelwydydd Cymraeg tramor?

Felly, wyt ti'n meddwl bod Cymru gyda lle i sylweddoli cymaint o gyfoeth sy'n bodoli o ran Cymry dramor hefyd, nid ddim ond y Cymry gartref? Wyt ti'n meddwl bod lle i feithrin mwy o berthynas rhwng y Cymry sy'n byw yn y famwlad a'r Cymry dramor?

Yn bendant. Yn anffodus, mae pobl yn dueddol o ganolbwyntio ar y rhai sydd wedi gadael Cymru flynyddoedd yn ôl. Ond mae'r byd wedi newid. Roedd 'da fi ewythr oedd yn byw yn Michigan, daeth e draw i America yn y 60au. Roedd un arall gen i oedd yn weinidog ar y capan Cymraeg yn Efrog Newydd. Roedden nhw wedi dod draw o Gymru i America, cael plant yma, ond wnaethon nhw ddim trosglwyddo'r iaith Gymraeg. Roedd hi'n anodd iawn yn y dyddiau 'ny, ond mae bywyd wedi newid ac mae hi'n lot rhwyddach i gadw cysylltiad heddiw drwy dechnoleg. Felly nawr, fel mae'r Cymry yng Nghymru yn cefnogi'r Cymry sydd wedi symud i fyw dramor, mae angen edrych ymlaen i'r dyfodol yn hytrach nac edrych yn hiraethus ar bethau. Mae angen meddwl sut i gefnogi'r Cymry sy'n mynd i ddechrau teuluoedd dramor i gadw'r iaith yn fyw.

TEULU LOIS HOLMES

Teulu – Lois Holmes, ei gŵr, Steff, a'u merched, Anni-Mai a Gwen
O le yn wreiddiol Pentrecelyn, ger Rhuthun
Lle maen nhw rŵan? Wollongbar, Awstralia

Rho ychydig o gefndir imi – o le wyt ti'n dod yn wreiddiol, lle gefaist ti dy addysg, a pha mor fyw oedd y Gymraeg yn dy blentyndod di ac ati?

Ges i fy magu ar fferm mewn pentref bach o'r enw Pentrecelyn, sydd ryw bedair milltir tu allan i Rhuthun. Magwraeth gwbl Gymraeg oedd hi, roedd Mam a Dad o deuluoedd Cymraeg, Taid a Nain yn byw drws nesaf, mynd i Ysgol Gynradd Pentrecelyn a chapel y pentref hefyd. Wedyn, es i i Ysgol Brynhyfryd, sy'n ysgol ffrwd Gymraeg, cyn mynd i Brifysgol Bangor ac astudio Cymraeg ac Astudiaethau Crefyddol yno, ac eto, roedd popeth yn Gymraeg yn y fan honno. Es i ymlaen i gyfieithu wedyn, felly roedd bob dim hyd at y brifysgol, a thu hwnt yn y byd gwaith, drwy gyfrwng y Gymraeg. Pan oeddwn i'n iau, ro'n i'n mynd i bethau efo'r Urdd, efo'r Aelwyd, ac i'r Clwb Ffermwyr Ifanc. Roedd y rhan fwyaf o fy ffrindiau yn Gymry Cymraeg, ond hefyd wrth gwrs, roedd yna Gymry di-Gymraeg.

Efo'r cyfieithu, mi wnes i ddechrau yn Ysgol Uwchradd Glan Clwyd, gan gyfieithu pethau i athrawon gan nad oedd yr adnoddau ar gael. Es i ymlaen i weithio fel Cyfieithydd a Swyddog Iaith Gymraeg gyda'r Gwasanaeth Tân ac Achub. Wedyn, mi es i i Batagonia am flwyddyn a gwneud gwaith ar gymdeithasau drwy gyfrwng y Gymraeg drosodd yno. Ar ôl dod yn ôl, mi es i Ysgol Morgan Llwyd yn Wrecsam a chyfieithu yno, efo lot ohono'n waith cyfieithu gweinyddol. Cymhorthydd yn yr ysgol uwchradd leol ydw i yn fama rŵan. Ro'n i'n teimlo, gan fy mod i'n symud i ochr arall y byd, ei bod hi'n bwysig fy mod i'n cael swydd oedd yn mynd â fi allan o'r tŷ, yn hytrach na 'mod i'n styc o flaen y cyfrifiadur.

Enw'r pentref lle rydyn ni'n byw yw Wollongbar, ond does neb erioed wedi clywed am fan hyn. Mae'r ysgol yn y pentref agosaf, sef Alstonville, a'r dref fawr agosaf ydi Ballina. Rydyn ni ryw hanner awr o Byron Bay, ac wedyn ryw awr a hanner o'r Gold Coast.

Ydw i'n iawn i ddweud mai Cymraeg ydi'r iaith rwyt ti wastad wedi'i siarad efo dy ferched, a'r Saesneg wedyn ar ochr dy ŵr?

Mae Steff o Awstralia, ac mi ddaeth i Gymru i fyw am bedair blynedd a chael gwersi Cymraeg. Mae'n dallt bob peth rydyn ni'n ei ddweud, ond does ganddo ddim yr hyder i siarad, ac wrth gwrs, dydi o ddim yn byw yng Nghymru mwyach. Roedden ni'n byw yng Nghymru tan roedd Anni-Mai bron yn dair oed, felly Cymraeg oedd yr iaith bryd hynny achos roedd o'n gallu dal i fyny'n haws. Rŵan, Cymraeg dwi'n ei siarad efo'r merched, Cymraeg maen nhw'n siarad efo'i gilydd, Saesneg mae Steff yn ei siarad efo nhw a Saesneg dwi'n ei siarad efo Steff. Mae Anni-Mai rŵan yn wyth oed, a Gwen yn chwech. Tair ac wyth mis oedd y ddwy pan wnaethon ni'n symud.

O ganlyniad i hyn, wyt ti'n gweld bod yna neidio yn ôl a blaen rhwng y Saesneg a'r Gymraeg pan mae'r merched yn siarad?

Mae yna lot o eiriau Saenseg, ond i fi, mae hynny'n hollol naturiol, achos dim ond gen i maen nhw'n clywed y Gymraeg. Gan eu bod nhw'n cael eu haddysg yn y Saesneg, mae'n amlwg bod yna rai geiriau sydd ddim yn gyfarwydd iddyn nhw yn y Gymraeg. Weithiau, dwi'n andros o *strict* efo nhw ac yn dweud wrthyn nhw i siarad Cymraeg, ac maen nhw'n gallu switsio'n ôl yn syth wedyn. Pan maen nhw'n sgwrsio, dwi'n meddwl bod eu hacen nhw'n swnio debyg i fy un i, ond ddim mor gryf. Ond os ydyn nhw'n *darllen* Cymraeg, maen nhw'n swnio fel rhywun ail iaith. Mae'n od. Rydyn ni'n siarad Cymraeg trwy'r dydd, bob dydd, ond efo darllen Cymraeg, rhaid inni eistedd i lawr. Pethau Saesneg sydd ym mhobman, ar yr arwyddion i gyd yma, felly dydyn nhw ddim yn gweld geiriau Cymraeg o'u cwmpas fel fyddai'n digwydd yn naturiol yng Nghymru.

Ydi hyn yn dod efo'i heriau? Wyt ti'n teimlo bod yna ddigon o adnoddau o Gymru ar ffurf llyfrau, e-lyfrau, cylchgronau electronig ac ati i dy gefnogi?

Dwi'n meddwl bod yna lot o adnoddau allan yna. Mae gen i Kindle, a ti'n gallu lawrlwytho llyfrau plant. Dydi o ddim yr un fath, does gen ti mo'r lluniau ac ati, ond o leiaf mae'n rhywbeth. Mae S4C Clic yn grêt, ond mae yna lot o bethau sydd ddim ar gael i ni. Dwi'n deall bod materion hawlfreintiau yn bodoli, ond mae pethau fyddai'n gallu bod yn dda iddyn nhw fel *Patrol Pawennau*, *Peppa Pinc* ac ati, mae'r rhain ar Cyw yng Nghymru ond dydyn nhw ddim ar S4C Clic i ni. Mi fyddai pethau felly yn grêt i'r merched eu gweld: 'O! mae o'n Gymraeg hefyd!' Mae'n biti bod yna ddim mynediad at y cartŵns poblogaidd.

Fe wnest ti grybwyll ar e-bost bod y ddwy yn rhan o Ysgol Sadwrn?

Ydyn. Dwi'n meddwl bod hynny wedi bod yn andros o dda iddyn nhw, jest i gael cyfarfod â phlant eraill sydd, fel nhw, yn byw o gwmpas y byd, ac yn siarad Cymraeg – ac iddyn nhw sylweddoli mai nid jest nhw sy'n y sefyllfa yma. Maen nhw'n mwynhau'r ochr o sgwrsio a chymdeithasu efo plant eraill, dyna un o'r pethau gorau sydd wedi dod o hyn iddyn nhw, a bod yr ystod oedran yn debyg.

Oes yna gysylltiadau cryf â Chymru yn dal i fod?

Mae pob aelod o'r teulu yng Nghymru ond amdanom ni! Rydyn ni'n siarad â Taid ar FaceTime yr un amser bob dydd Sul. Mae fy nwy chwaer yn *facetimeio* bob hyn a hyn, ac felly mae'r merched yn siarad efo'u cefndryd yn ôl yng Nghymru hefyd. Ond efo'r gwahaniaeth amser, mae'n gallu bod yn anodd.

Dwi'n teimlo weithiau eu bod nhw ar eu colled wrth beidio â byw yng Nghymru, mynd i'r Eisteddfod, bod yn aelod o gôr, pethau felly. Pan mae yna bethau ymlaen fatha Cwpan y Byd efo'r rygbi, gan bod y gwahaniaeth amser mor fawr, mae'r gemau ymlaen i ni am ddau o'r gloch y bore. Mae bron yn amhosib felly i'w cael i ymddiddori yn hyn achos dydi o ddim yn ymarferol.

Ydych chi'n ymweld â Chymru fel teulu yn gymharol aml?

Rydyn ni wedi bod yn ôl ddwywaith ers symud. Ond roedd Covid ynghanol hynny hefyd, ac mi wnaeth roi stop arnon ni am dipyn gan fod ffiniau Awstralia wedi cau yn gyfan gwbl am bron i ddwy flynedd. Flwyddyn nesaf dros y Pasg fydd y tro nesaf, siŵr braidd.

A phan oedd y merched drosodd yng Nghymru, a deimlaist ti eu bod nhw'n deall mwy ynghylch dy angerdd at dy wlad a thros dy iaith?

Do. Maen nhw'n gweld pobl eraill yn siarad Cymraeg, ddim jest ni, ac maen nhw'n dallt wedyn, 'O! dyma pam bod Mam yn gwneud inni siarad Cymraeg!' Maen nhw'n gallu siarad â'u cefndryd, eu hyncls a'u hantis. Mi aethon nhw i'r ysgol gynradd efo'u cyfneither, sydd tua'r un oed â nhw, a threulio diwrnod yno yn Ysgol Llanfair Dyffryn Clwyd. Felly roedden nhw hefyd yn gweld bod yna ysgolion Cymraeg yn bodoli.

O ran gwyliau cenedlaethol megis Dydd Gŵyl Dewi, ydy'r merched yn ymwybodol o'r rhain? Ydyn nhw'n deall ychydig am draddodiadau Cymraeg a Chymreig?

Mae'r merched yn ymwybodol o Ddydd Gŵyl Dewi ac yn mwynhau dathlu. Pan oedd y merched yn mynd i'r ysgol feithrin, roedden ni wastad yn mynd â chacennau cri efo ni. Roedden nhw wrth eu boddau, ac ro'n i'n cael fy ngwahodd i mewn hefyd i ddarllen llyfr Cymraeg, mynd â'r faner i ddangos, a sgwrsio am Gymru. Felly, mae ganddyn nhw wastad ddiddordeb.
    Mae llawer yn dal i feddwl yma, 'Wales, a part of England', nes i mi eu cywiro. Ond mae Awstralia yn wlad amlddiwylliedig iawn, mae yna lot o wahanol bobl o bob cwr o'r byd o'n cwmpas ni. Brasil, Ewrop, bob man, ac felly mae yna wastad ddiddordeb o ble mae'r plant yn dod.

Wyt ti wedi canfod Cymry Cymraeg drosodd yn Awstralia, neu a wyt ti eto i ddod ar eu traws nhw?

Mae yna lot o Brydeinwyr o gwmpas a lot o Gymry, ond dydyn ni ddim wedi dod ar draws neb sy'n lleol i ni sy'n siarad Cymraeg. Mi fyddai hynny'n *game-changer*. Mae yna gymdeithas Gymraeg yn Gold Coast, ac yn Brisbaine, mae yna gymdeithasau Cymraeg yn y dinasoedd mawr. Jest fel yr oedd Covid yn cychwyn, mi wnaethon ni fynd i ddathliad Dydd Gŵyl Dewi ar y Gold Coast, felly roedd hynny'n bril, ac roedd llawer o Gymry yno. Ond, maen nhw wastad yn dathlu ar ddiwrnod swyddogol yr ŵyl, felly os ydi hynny ar ddydd Mercher, dydyn ni ddim yn gallu trafeilio i fyny am wyth o'r gloch y nos oherwydd mi fyddai'r plant yn gorfod mynd i'r ysgol y diwrnod wedyn. Felly dydi o ddim yn ymarferol os nad ydi'r dathliad ar y penwythnos.

O ran diddordeb, oes yna wyliau diwylliannol sy'n perthyn i Awstralia ei hun fel gwlad?

Mae o'n *controvertial* ofnadwy. Maen nhw'n dathlu Australia Day ar ddiwedd mis Ionawr, sef y diwrnod wnaeth yr Ewropeaid lanio yn Awstralia. Mae'n andros o fater sensitif. Efo'r bobl Aboriginal brodorol, mae yna brotestio wedi bod i ddweud y dylid newid y dyddiad i *unrhyw* ddiwrnod arall i ddathlu Awstralia, yn hytrach na'i ddathlu fel achlysur lle cafodd y wlad ei choloneiddio. Mae'r hanes yn erchyll, doeddwn i ddim yn gwybod ei hanner hi. Mae'n erchyll beth ddigwyddodd, a'r effaith sydd ar y bobl frodorol rŵan. Mae'n drist ofnadwy. Ond dyna ydi'r gwyliau, ond mae ein gwyliau ysgol ni yn digwydd rŵan (mis Rhagfyr), mae bron yn ddiwedd blwyddyn ysgol i ni. Felly mae'r Australia Day ynghanol y chwe wythnos o wyliau, felly does yna ddim byd yn digwydd yn yr ysgol. Mae hyn yn beth da, dydi'r ysgolion wedyn ddim yn gorfod penderfynu os ydyn nhw'n dathlu ai peidio.

Rwyt ti wedi cyffwrdd â hyn yn barod, ond y cwestiwn mawr ac amlwg arall ydi, a wyt ti'n meddwl ei bod hi'n her siarad Cymraeg efo dy blant, o ystyried bod y mwyafrif o dy gwmpas di fel arall yn siarad Saesneg?

Dwi ddim yn ei gweld hi'n her i fi siarad Cymraeg efo nhw yn bersonol, alla i ddim dychmygu siarad yr un iaith arall efo nhw. Pan dwi allan yn y parc, dwi'n siarad Cymraeg efo nhw. Mae mamau eraill yn sbio arna i ar y dechrau, ond pan dwi'n egluro, maen nhw'n meddwl bod hynny'n grêt. Dydi pobl yn Awstralia ddim yn aml yn dod ar draws pobl sy'n switsio ieithoedd a gallu eu siarad nhw'n rhugl. Dydyn nhw ddim cweit yn dallt gan nad ydyn nhw wedi bod yn yr un sefyllfa, ond mae'n ddiddorol iawn iddyn nhw.

Hyd yn oed pan dwi'n siarad Saesneg, mae fy acen Gymraeg i yn un gref ofnadwy. Dwi ddim yn gallu gwneud acen Awstralia, hyd yn oed os dwi'n trio! Ond dwi'n cael: 'I love your accent, Miss,' ac 'I wish I could talk like you!' o hyd yn yr ysgol.

Dwi'n meddwl fy mod i'n gywir i ddweud dy fod ti'n angerddol iawn dros drosglwyddo'r iaith. Beth ydi dy obeithion di? Wyt ti wir yn credu y bydd y merched yn tyfu i fyny ac yn cadw eu Cymraeg, waeth beth fydd y dylanwad ieithyddol ehangach o'u cwmpas nhw?

Os ydw i o gwmpas, mi fyddan nhw'n cadw eu Cymraeg. Dwi ddim yn gwybod os wnawn ni byth symud yn ôl i Gymru, ond dwi wastad yn dweud y bydden ni'n mynd yn ôl un diwrnod. Os byddai'r plant mewn oed ysgol, ac yn gallu mynd i ysgol Gymraeg, byddai hynny'n grêt. Ond jest eu bod nhw'n gallu sgwrsio, dyna sydd bwysicaf.

Pan mae Taid a minnau'n siarad Cymraeg efo nhw, does ganddyn nhw ddim problem siarad Cymraeg. Ond wedyn, pan o'n i'n mynd yn ôl i Gymru a bod rhywun arall yn siarad Cymraeg efo nhw, maen nhw'n mynd yn nerfus. Pe byddai rhywun arall yn Awstralia yn gofyn iddyn nhw siarad Cymraeg, mi fydden nhw'r un fath, yn cael dipyn o *stage-fright*!

Ydi dy ŵr di yn gefnogol dros y ffaith bod trosglwyddo'r Gymraeg i'r merched mor bwysig i ti? Oedd yna ddealltwriaeth?

I fod yn deg, mae Steff wedi bod yn gwbl, gwbl gefnogol o'r cychwyn. Mae o'n dallt yn llwyr, mae o wedi bod yn andros o dda am ddeall mai Cymraeg ydi'r iaith mae'r merched yn siarad efo'i gilydd, a'r iaith dwi'n ei siarad efo nhw. Mae ei deulu o wedi bod yn gefnogol hefyd, maen nhw wastad yn gwneud ymdrech i ddysgu ychydig o eiriau Cymraeg.

Oes gen ti unrhyw beth arall fyddet i'n ddymuno ei ychwanegu?

Er ei bod hi'n anodd, mae'n bosib magu Cymry Cymraeg dramor. Mae'n fy ngwneud i'n flin pan nad ydi pobl yng Nghymru yn fodlon gwneud yr ymdrech. Mae'n fy ngwneud i'n fwy blin rŵan, a minnau'n byw yn fama. Ond hefyd, dydi sgwrsio yn y Gymraeg ddim mor anodd â hynny, chwaith. Mae'n llawer haws y dyddiau yma nag oedd hi ugain mlynedd yn ôl oherwydd technoleg.

TEULU TRACEY WOODS

Teulu – Tracey Woods, ei gŵr, John-Paul a'u meibion, Osian a Steffan
O le yn wreiddiol Pontyberem, Cwm Gwendraeth
Lle maen nhw rŵan? Carryduff, ger Belfast, Gogledd Iwerddon

Dyweda wrtha i am dy gefndir – pan oeddet ti'n byw yng Nghymru, lle oeddet ti'n byw? Pa mor fyw oedd y Gymraeg yn dy blentyndod di? Lle ges di dy addysg?

Ges i fy ngeni yn 1979 yn ardal Pontyberem, Cwm Gwendraeth. Ges i fy holl addysg drwy gyfrwng y Gymraeg. Pan o'n i'n blentyn yn Ysgol Gynradd Pontyberem, roedd lot o eisteddfodau, ro'n i mewn parti cydadrodd ac yn adrodd yn unigol. Ac ie, ro'n i'n cystadlu. Ond pan es i wedyn i Ysgol Gyfun Maes yr Yrfa (Ysgol Maes y Gwendraeth bellach), doedd e ddim fel tase hynny'n rhywbeth cŵl i'w wneud felly doeddwn i ddim yn cymryd rhan mwyach. Ddigwyddodd hynny i lot ohonon ni, roedd lot ohonon ni'n cyrraedd yr oedran 'na yn ein harddegau pan doedd eisteddfodau ac ati ddim yn bwysig inni. Ond beth bynnag, fel ddywedais i, roedd yr addysg drwy gyfrwng y Gymraeg i gyd, roedd y criw ffrindiau oedd gen i i gyd yn siarad Cymraeg – fydden ni ddim wedi ystyried siarad unrhyw iaith arall gyda'n gilydd.

Ond, mae'n od, achos roedd ein diwylliant ni i gyd yn Saesneg. Y gerddoriaeth roedden ni'n gwrando arni, er enghraifft. Ro'n i'n dwlu ar Blur, Pulp a Manics. Ac ie, Stereophonics hefyd, ond roedd popeth ro'n i'n ei ddilyn yn Saesneg, ac roedd hyd yn oed y llyfre bydden i'n eu darllen yn Saesneg. Byddai agor llyfr Cymraeg bryd hynny wedi bod yn rhywbeth ar gyfer fy ngwaith ysgol yn unig.

Ond wedyn, es i Brifysgol Aberystwyth ac mi wnes i gwrdd â fy ngŵr, ac yna'n athrawes oedd yn dysgu Hanes a Gwleidyddiaeth. Bues i'n dysgu am bron i ddeng mlynedd yn Ysgol Gyfun Gwynllyw. Mae'r ysgol yn ardal Gwent, ac roedd tua 97% o blant yr ysgol yn dod o gartrefi lle doedd dim un rhiant yn siarad Cymraeg. Ro'n i'n meddwl ei fod yn grêt eu bod nhw, y rhieni, yn ymddiried ynom ni gydag addysg eu plant nhw.

Os af i'n ôl i fy mhlentyndod, ges i fy magu ar aelwyd ddwyieithog. Doedd fy nhad i ddim yn siarad Cymraeg, ond roedd fy mam i'n siarad yr iaith. Pe bawn i'n siarad gyda fy mam, bydden i wedi siarad Cymraeg gyda hi, hyd yn oed os bydde Dad yn y tŷ. Dros amser, wnaeth e ddod i ddysgu Cymraeg, ac mae e'n siarad Cymraeg gyda'i wyrion. Ond pan o'n i'n blentyn yn yr 80au a'r 90au, pe bai Dad wedi siarad Cymraeg gyda ni, fydde hynny ddim wedi teimlo'n naturiol gan ein bod ni wedi ein magu yn siarad Saesneg gydag e.

Felly, roedd Cymraeg yn rhan fawr o fy mywyd i, ond bydden i'n dweud fy mod i wedi cymryd yr iaith yn ganiataol. Wedyn, fues i'n byw yng Nghaerdydd am ddeng mlynedd ac yn teithio i'r ysgol lle ro'n i'n dysgu, ac roedd y gŵr yn dod o Derry yng Ngogledd Iwerddon. Buodd e'n byw yng Nghaerdydd gyda fi am rai blynyddoedd, ond wedyn, buon ni'n byw pum mlynedd ar wahân, [er ein bod ni'n parhau i fod mewn perthynas]. Rwy'n math o berson – elli di fynd â fi i unrhyw le ac mi wna i siarad gydag unrhyw un – ond mae fy ngŵr i wedyn yn dawel iawn. Felly, ro'n i'n gwybod mai fi fydde'n gorfod mynd draw i Ogledd Iwerddon. Symudais i draw gydag Osian, fy mab, pan oedd e'n wyth wythnos oed, ac fe sefydlon ni gartref yn Carryduff, sydd bum milltir tu allan i Belfast.

Cafodd Osian ei enw gan fy mod i moyn iddo gael enw Cymraeg. Pan ges i fy ngeni, yn yr ardal lle ges i fy magu 'nôl yn y 70au hwyr, enw fy ffrindiau i oedd Joanna, Louise – a fy enw i oedd Tracey! Roedd gen ti'r enwau Saesneg yma, ond merched oedd yn iapian yn Gymraeg. Felly, ro'n i'n benderfynol bod fy mhlant i'n mynd i gael enwau Cymraeg, a dyna'r cyfaddawd wnaethon ni pan symudon i Belfast – enwau Cymraeg a chartref Gwyddeleg.

Galwes i fe'n Osian Tighearnán Woods, ac ro'n i'n hoffi'r Tighearnán gan ei fod e'n enw Gwyddeleg, ond hefyd yn fy atgoffa i o Dir na n-Og. Bedair mlynedd wedyn, ges i Steffan, a'r hyn oedd yn od am gael plant – doedd dim unrhyw ffordd y gallen i fod wedi siarad Saesneg gyda nhw. Hyd yn oed os bydde ffrind draw ac yn rhoi ei babi yn fy nwylo i, does dim unrhyw ffordd fydden i'n gallu siarad Saesneg gyda babi. Mae'n od. Pe bydde'r plentyn yn bedair mlwydd oed, ddywedwn ni, bydden i'n siarad Saesneg gydag e. Ond babi? Na.

Pan gafodd Osian ei eni, anfonodd ffrind i fi gopi o hwiangerddi Cymraeg ata i. Wnes i ddim cael y rhain pan oeddwn i'n blentyn, ond roedd eu canu nhw gydag Osian yn bwysig i fi. Roedd hyn o gwmpas yr adeg pan o'n i'n ystyried, 'O mam bach, fi ddim yn mynd i fod yn siarad Cymraeg bob dydd!' Felly wnaeth e wir fy mwrw i fel colled. A phan oedd e'n blentyn, cartŵns Cymraeg oedd popeth. Rwy'n credu wnaeth hynny helpu i drosglwyddo'r iaith ymlaen iddo fe.

Mae'r gŵr yn amlwg yn dod o Derry yng Ngogledd Iwerddon, ac mae hanes Gogledd Iwerddon yn gymhleth. Mae gan y gŵr edmygedd enfawr tuag at y ffaith fy mod i'n gallu siarad fy iaith i. Mae'n od, oherwydd gafodd e wersi Gwyddeleg yn yr ysgol, ond draw fan hyn, nid yw'r iaith mor sicr ag yw e yng

Nghymru ac yn anffodus, mae'r iaith yn aml yn cael ei gweld fel rhywbeth gwleidyddol. Does dim Deddf Iaith i warchod yr iaith fel yn achos y Gymraeg yng Nghymru. Felly ym Mlwyddyn 9, fel y bydde rhywun yn ei wneud adref [yng Nghymru] gyda Ffrangeg a Sbaeneg, fe wnaeth e ddewis peidio â pharhau i astudio'r iaith. Roedd e'n rili difaru ei fod heb barhau â'r Wyddeleg. Ond mae e nawr, ers ryw chwe mlynedd, wedi bod yn mynd yn ôl i wersi oedolion i ailddysgu Gwyddeleg.

Beth bynnag, yn ein cartref yma, mae John-Paul yn siarad Saesneg gyda'r plant, a rwy'n siarad Cymraeg. Ac mae'n od, rwy'n cerdded o amgylch y lle ac mae pobl yn pipo arna i, yn meddwl, 'Pa iaith mae hon yn ei siarad?' Ond mae fy mam a 'nhad draw gyda ni ar hyn o bryd, ac ro'n i yn Waterstones ddydd Sul ac yn siarad Cymraeg gyda Mam, a'r peth nesaf, dyma'r fenyw hyn o ogledd Cymru yn dod i fyny ata i a dweud, 'Wel, do'n i ddim yn disgwyl clywed Cymraeg ym Melfast!'

O ran dod o hyd i gymuned Gymraeg fan hyn, ro'n i'n desbret i ffeindio rhyw gymuned, rhyw gymdeithas yma. Fe fues i am gwpl o flynyddoedd yn methu â ffeindio dim byd. Ond wedyn, a finnau'n y ganolfan arddio lan yr hewl, ro'n i'n cerdded rownd ac yn siarad gydag Osian, a sylwes i fod y fenyw hyn yn pipo arna i. Y peth nesaf, ro'n i'n ei gweld hi'n mynd lan at ei gŵr ac yn siarad, a daeth e draw ata i wedyn. Wedodd e bod ei wraig wedi dweud wrtho fe bod hi bron yn sicr ei bod hi wedi clywed Cymraeg yn cael ei siarad!

Fel mae'n digwydd, roedd y Cymro yma wedi bod yn byw yng Ngogledd Iwerddon am gryn dipyn o flynyddoedd. Fe ges i wahoddiad i'r gymdeithas Gymraeg, mynd i gwpl o gyfarfodydd, ond fi oedd yr unig un â phlant. Felly, doedd e ddim yn gweddu i rywun fel fi a oedd yn edrych am gwmni menywod eraill yn yr un sefyllfa, ac roedd yn anodd mynychu heb y plant gan fod bywyd teuluol mor brysur. Roedd hynny'n drueni, felly na, dwi ddim wedi gallu dod o hyd i rywun o fy oedran i sy'n Gymry yma ac os ydw i wedi, maen nhw yma am gyfnod byr yn unig, felly mae hynny wedi bod yn galed.

Ond wedi dweud hynny, mae gennym ni deulu gartref yng Nghymru. Mae fy chwaer i gyda dau o fechgyn sy'n agos at fy rhai i o ran oedran. Mae Osian yn 13 oed, a Steffan yn 9 oed. Felly, mae'r berthynas sydd wedi bod rhyngddynt â'u cefndryd wedi bod yn rhywbeth rili sbesial, rili cryf. Ti'n gwybod fel mae plant yn cymdeithasu ar-lein ac yn chwarae gemau cyfrifiadurol? Mae Osian wedi gallu cwrdd â ffrindiau Cymraeg ar y gemau hyn, rhai na fydde fe wedi gallu cwrdd â nhw tase fe ddim yn chwarae fel hyn ar-lein, ac roedd hynny'n help adeg Covid pan nad oedd teithio i Gymru yn bosib am gyfnod.

O ran mynd adref i Gymru, mae hynny wedi mynd yn anoddach. Gan 'mod i ddim yn dysgu rhagor, ddim ers chwe mlynedd, fi ddim yn derbyn yr un cyfleoedd o ran gwyliau. Rydw i'n dal i weithio ym myd addysg. Rwy'n rhoi cyngor i brif athrawon ar nifer o faterion ac yn rhoi hyfforddiant i staff ynghylch ethos, *trauma-informed practices*, adeiladu timoedd ac yn y blaen, ond dydw i ddim yn cael yr un gwyliau â'r plant. Pan ro'n i'n dysgu, ro'n i'n gallu mynd yn ôl yn amlach, ac roedd hynny'n grêt. Ond dydy hynny ddim yn bosib mwyach.

Ond mae Osian, yr hynaf, a'r iaith Gymraeg, wedi dod ymlaen yn grêt erioed. Mae'r mab ieuengaf wedyn wedi cael ei fagu yn union yr un ffordd, ond mae e'n ateb yn y Saesneg. Ond bydden i byth yn troi i'r Saesneg gydag e, ddim o gwbl. Gydag amser, mae Steffan wedi dechrau sylwi ar y gwahaniaeth yma rhyngddo fe a'i frawd, ac mae wedi datblygu awydd enfawr i wneud mwy o ddefnydd o'r Gymraeg. Yn gynnar yn 2023, tua'r adeg y dangosodd Steffan yr awydd i wella ei Gymraeg, fe ddes i ar draws y gwersi Cymraeg hyn sy'n digwydd ar-lein, sef Ysgol Sadwrn. Ro'n i'n meddwl y bydde'n grêt i rywun fel Steffan, fel bachgen sy'n llwyddo yn yr ysgol ac sy'n awyddus i ddysgu. Ro'n i wedi ceisio egluro i Steffan mai fi oedd ei athrawes ond fe ddaeth hi'n amlwg y bydde rhywbeth mwy ffurfiol, tu hwnt i'n perthynas ni, yn help mawr iddo fe. Mae'r gwersi hyn wedi bod yn gyfle gwych iddo ymroi i siarad Cymraeg ac i wneud mwy o ddefnydd o'r Gymraeg. Mae'r athrawes, Enfys Evans, yn hyfryd gyda'r plant ac er bod rhaid codi'n gynnar ar fore Sul – mae'r gwersi yn cychwyn am 8 y bore – mae Steffan wrth ei fodd.

O ran talcenni caled, be fi'n weld yn galed yw – pan maen nhw yn yr ysgol, maen nhw'n mynd i gael profiadau a sgyrsiau am bethau megis gwyddoniaeth. Smo fi'n mynd i siarad am wyddoniaeth yn y tŷ, felly o ran yr holl eirfa mae'r plant yng Nghymru yn ei chael yn y cyd-destun hwnnw, bydd y geiriau hyn ar goll i Osian a Steffan. Bydd ganddyn nhw'r geiriau i allu cymdeithasu, ond os bydde rhywun o Gymru moyn siarad am ffotosynthesis gyda nhw, er enghraifft, er mor annhebygol fydde hynny, ni fydde'r eirfa ganddyn nhw. Byddwn i hefyd wedi mwynhau mynd i gyngherddau lle fydden i wedi gallu mwynhau clywed y bechgyn yn canu caneuon Cymraeg, ond yn anffodus, ni fydd hynny fyth yn digwydd.

Mae'r bechgyn yn browd iawn o le maen nhw'n dod. Am flynyddoedd mawr, os fydde Cymru yn chwarae Iwerddon, Cymru fydden nhw'n ei chefnogi. Ond wrth fynd yn hŷn, maen nhw'n falch iawn o'r ffaith eu bod nhw'n Wyddeleg hefyd.

O ran llenyddiaeth Gymraeg, yn fy arddegau, doedd hynny jest ddim yn cŵl. Ond nawr, fi'n un sy'n darllen lot, a rwy'n ysgrifennu hefyd. 'Nôl yn yr adeg cyn cael plant, ddechreues i ysgrifennu rhywbeth, ac ysgrifennu'n Saesneg. Ond doedd y ddeialog ddim yn dod. Newidiais i'r Gymraeg, a dechreuodd pethau lifo.

Darllenais *Llyfr Glas Nebo* yn ddiweddar, ac mae yna ran yn y nofel yna sy'n dangos pwysigrwydd hunaniaeth. Mae hi'r fam yn mynd i'r llyfrgell, ac yn dod â'r holl lyfrau Cymraeg yma'n ôl i'r tŷ. Mae'r dyn drws nesaf, sy'n siarad Saesneg, yn ei chwmni wrth iddi dynnu'r holl lyfrau hyn mas. Mae'n sylweddoli mai'r unig lyfrau mae hi wedi dod yn ôl gyda hi o'r llyfrgell yw'r llyfrau Cymraeg. Mae e'n dweud wrthi hi rywbeth tebyg i: 'I suppose instinct makes you save that which you're most in danger of losing.'

Wrth iddi ddarllen y llyfrau hyn, mae hi'n cofio nad oedd hi, yn yr ysgol, fyth yn meddwl bod y llyfrau hyn iddi hi. Wnaeth hynny wir fy nharo i, a dyna beth sydd wedi digwydd i fi yn byw yn fan hyn – fi wedi gorfod ystyried beth yw fy hunaniaeth i. Efallai gartref pan o'n i'n blentyn doeddwn i ddim yn teimlo cweit yn ddigon Cymraeg i rai pobl ond mae hynny wedi newid erbyn hyn, ac rwy'n hyderus iawn gyda fy hunaniaeth Gymreig.

Draw fan hyn, rwy'n teimlo bod y bobl o fy nghwmpas yn gwybod digon am y bobl sy'n dod o'r Alban, ond efallai mai fi ydi'r person Cymraeg cyntaf maen nhw wedi ei gyfarfod. Rwy'n meddwl bod hyn yn mynd yn ôl at y cysyniad 'For Wales: See England.' Teimlaf yn gryf iawn bod rhaid i'r bobl yma ym Melfast ddeall bod pobl Cymru yr un mor falch â'r Gwyddelod o'u hanes.

Ti wedi dweud wrtha i pa mor bwysig ydi trosglwyddo'r Gymraeg i'r genhedlaeth nesaf. Ond wyt ti'n meddwl y gallwn ni yng Nghymru wneud mwy i helpu?

Rwy'n credu bod beth sydd wedi bod yn digwydd gyda'r gwersi Cymraeg i fy mhlentyn (Ysgol Sadwrn) yn ddechrau da. Beth fydden i'n hoffi ei weld ydi plant gyda'r un diddordebau yn dod at ei gilydd ar-lein ac yn ymarfer eu siarad, a'u bod nhw ddim yn becso nad ydyn nhw'n gwybod y gair Cymraeg am bopeth. Mae angen iddyn nhw weld nad jest nhw sy'n byw bant o Gymru ac sy'n dal i siarad Cymraeg gyda'u rhieni. Mae hyn yn rhywbeth sy'n bwysig i lot o deuluoedd sy'n byw bant o Gymru. Ac falle dylid hyd yn oed gael cyfleoedd fel hyn i'r rhieni hefyd.

TEULU NIA PRICE

Teulu – Nia Price, ei gŵr, Simon a'u merch, Lena
O le yn wreiddiol Caerdydd a Llantrisant
Lle maen nhw rŵan? Discovery Bay, Hong Kong

Rho ychydig o dy gefndir imi – o le wyt ti'n dod yn wreiddiol yng Nghymru, yn lle gefais di dy addysg, pa mor fyw oedd y Gymraeg ar yr aelwyd adref ac ati?

Ges i fy ngeni yng Nghaerdydd, ond fy magu yn Llantrisant. Mae Mam a Dad yn dod o Lanelli ac ro'n i'n siarad Cymraeg yn y tŷ drwy'r amser. Mae gen i chwaer sydd ddwy flynedd yn iau na fi, a dim ond Cymraeg fyddwn i'n siarad gyda hi hefyd. Es i i ysgol Gymraeg, a doeddwn i ddim wir yn adnabod neb oedd ddim yn siarad yr iaith. Felly teulu a ffrindiau Cymraeg, rhieni oedd yn rhan o'r Gymdeithas Gymraeg, yn siarad Cymraeg yn unig a dysgu Saesneg drwy'r teledu! Dwi'n cofio peidio â theimlo'n gyffyrddus yn siarad Saesneg tan fy mod i'n dipyn hŷn. Felly Cymraeg oedd yr iaith gyntaf, yn bendant.

Es i i'r brifysgol yn Rhydychen, felly roedd pawb yno'n siarad Saesneg. Wnes i ymuno efo'r Gymdeithas Gymraeg, ond doeddwn i ddim wir yn hoffi mynd. Doeddwn i ddim eisiau mynd *ddim ond* gan eu bod nhw'n bobl oedd yn siarad Cymraeg. Felly wnes i ddim gwneud lot gyda'r gymdeithas honno, a dweud y gwir. Ro'n i'n dal i siarad yn y Gymraeg ar y ffôn gyda fy rhieni gartref, a bob tro'r oeddwn i'n dod adref, byddwn i'n siarad Cymraeg. Wedyn ar ôl y brifysgol, mi wnes i symud i Lundain – dim llawer o Gymraeg yno! Dwi'n meddwl bod yna Gymdeithas Gymraeg yno ond eto, doedd hynny ddim yn rhywbeth ro'n i'n meddwl amdano, a dweud y gwir. Roedd gen i ddigon o ffrindiau o'r coleg ac roedd hi'n ddigon anodd cael amser i'w gweld nhw!

Pan wnes i symud i Hong Kong wedyn yn 2006, wnes i ddeall bod Cymdeithas Gymraeg yma hefyd, ond eto, wnes i ddim ymuno. Cymdeithas Dewi Sant yw ei henw, ond nid yw'r rhan fwyaf o'r bobl sy'n rhan o'r gymdeithas yn siarad Cymraeg. Mae rhai ohonynt yn bobl o dras Cymreig sy'n dod o America, er enghraifft, neu mae ychydig o bobl o Gymru sy'n siarad Cymraeg. Un peth fyddwn i efallai yn hoffi ei wneud fyddai cwrdd â theuluoedd eraill sydd gyda phlant sy'n siarad Cymraeg. Ond o beth dwi wedi'i weld gyda phlant, unwaith maen nhw'n cwrdd â'i gilydd, maen nhw i gyd yn siarad Saesneg – gyda'i gilydd beth bynnag – sy'n wahanol iawn i'r arfer pan oeddwn i'n fach! Ond hyd yn oed pan mae fy merch, Lena, sy'n saith oed, yn gweld ei chyfnitherod yn ôl yng Nghaerdydd, maen nhw i gyd yn siarad Saesneg gyda'i gilydd. Roedd fy chwaer i'n dweud fy mod i'n fwy *extreme* am siarad Cymraeg na hi, ac mae hi'n byw yng Nghymru! Ond fi yw'r unig un sydd gan fy merch, dyw hi ddim yn gallu mynd i ysgol Gymraeg.

Yn 2022, mi ddaethon ni yn ôl i Gymru am sbel fach, ac mi wnaeth hi ddechrau mynd i'r ysgol yng Nghymru. Ysgol Gymraeg oedd hon, ond eto, roedd y plant i gyd yn siarad Saesneg ar yr iard. Mae'r Saesneg ym mhobman! Mae fy ngŵr i'n dod o Lundain, British Born Chinese yw e, ac felly Saesneg rydyn ni'n siarad fel arfer yn y tŷ. Mae gennym ni *helper* yn y cartref hefyd sy'n siarad Saesneg. Ond gyda fy ngŵr, mae e'n deall ychydig o Gymraeg, ac mae wedi dysgu lot o'r hyn rydw i a'r ferch yn ei siarad, felly mae e'n gefnogol iawn er nad ydyn ni'n siarad Cymraeg gyda'n gilydd.

Mae'r ferch yn gwylio lot gormod ar YouTube a dwi wedi trio ei chael hi i edrych ar bethau yn y Gymraeg, ond mae hi'n dweud nad ydi hi'n deall pethau mor dda yn y Gymraeg a phethau fel yna. Mae hi'n dda iawn am ddarllen yn y Saesneg ond mae hi'n pallu darllen unrhyw beth yn y Gymraeg. Mae'n siarad Cymraeg gyda fi drwy'r amser, dwi ddim yn gorfod gofyn iddi hi siarad gyda fi yn y Gymraeg, ond mae'n amhosib ei chael hi i ddarllen nac ysgrifennu unrhyw beth yn y Gymraeg, er ei bod hi'n gallu pan mae'n trio. Hyd yn oed yn yr ysgol – mae'r ferch yn mynd i ysgol Cantonese – mae'r plant i gyd yn siarad Saesneg gyda'i gilydd. Ond, mae hi'n gorfod siarad y Gymraeg gyda fi, a dwi ddim yn fodlon iddi siarad gyda fi mewn unrhyw iaith arall.

Pan gafodd dy ferch, Lena, ei geni, ai yn Hong Kong oedd hynny? Ac ai Cymraeg oedd yr iaith rhwng y ddwy ohonoch o'r crud?

Na, mi aethon ni yn ôl i Gymru, ond daethon ni yn ôl i Hong Kong pan oedd hi'n bum mis oed. O ran y Gymraeg, fyddwn i byth wedi siarad unrhyw iaith arall gyda hi. Roedd fy ngŵr wedi gwneud cwrs Cymraeg ym Mhrifysgol Caerdydd am fis cyfan, yn llawn amser, cyn iddi gael ei geni, felly mae e'n gefnogol iawn. Ond ie, roeddwn i'n teimlo'n gryf ei bod hi'n bwysig iawn ei bod hi'n gallu deall yr iaith. Gyda fy ngŵr, mae e'n gallu siarad Cantonese ond ddim yn hollol rhugl, oherwydd roedd ei rieni'n meddwl ei bod hi'n well peidio â siarad yr iaith er mwyn ffitio i mewn, neu gyda'r gred ei bod hi ddim yn dda i blant siarad mwy nag un iaith. Am y rheswm yma, dwi wedi ei gwthio hi i fynd i ysgol leol fel ei bod hi'n cael dysgu Cantonese hefyd, oherwydd dwi ddim eisiau iddi fod yn yr un sefyllfa â'i thad.

Pan wnaeth Lena ddechrau'r Ysgol Sadwrn, roedd yr athrawes yn siarad ag acen ogleddol. Ro'n i'n meddwl falle byddai problem gyda hynny, achos mae'r eirfa'n wahanol i dafodiaith y de. Ond, dwi ddim yn credu ei bod hi'n cael llawer o drafferth i ddeall, ond wrth gwrs, fyddai hi fyth wedi clywed acen y gogledd oherwydd dyw hi ddim yn gwylio'r teledu yn y Gymraeg.

Dyweda ychydig mwy wrtha i am dy brofiad di a Lena efo Ysgol Sadwrn.

Wel, ro'n i'n meddwl bod y syniad yn briliant, ac roedd e wedi dod ar yr amser iawn hefyd, lle roedd hi yr oedran iawn. Dwi'n dal i orfod eistedd gyda hi bob tro, ond mae hi'n hapus i'w wneud e. Mae hi'n mwynhau'r gwersi. Dyw hi ddim yn hoffi pan mae hi'n gorfod sgwennu rhywbeth a phethau fel yna, ond os ydw i'n eistedd gyda hi, mae hi'n iawn. Dwi'n credu ei fod e'n beth da nad dim ond fi sydd yn siarad y Gymraeg gyda hi! Mae hi'n gallu gweld plant eraill fel hi, ac mae'r cynnwys yn dda iawn hefyd, mae'n gallu dysgu rhywbeth. Dwi ddim yn gwybod faint mae hi'n ei gofio, ond roedden ni'n siarad ddoe ac mi ddywedes i fy mod i wedi bod i rywle a bod y lle 'dan ei sang'. Doedd e ddim yn rhywbeth fyddwn i fyth yn ei ddweud fel arfer, a bod yn onest, ond mi ofynodd hi, 'Beth yw hwnna?', ac mi wnes i ei hatgoffa hi o Ysgol Sadwrn yn disgrifio'r eisteddfod a'r babell, a dyma hi'n dweud, 'Ie, fi'n cofio nawr.'

Mae hi'n falch iawn o fod yn Gymraes, hefyd. Aethon ni i Langrannog pan oedden ni yng Nghymru ac roedd hi eisiau gweld Mr Urdd, ac roedd hi *mor* hapus i'w weld e. Os yw hi'n gweld baner Cymru yn unrhyw le, mae hi'n mynd mor *excited*. Roedden ni'n siarad ddoe a dywedodd hi, 'Dwi ddim yn Chinese, dwi'n dod o Gymru.' Felly mae hi'n eithaf gwladgarol! Mae hi'n dwlu dweud ei bod hi'n dod o Gymru ac yn siarad Cymraeg. Mae'n neis ei bod hi'n teimlo fel 'na.

Un peth dwi'n gwneud mwy ohono nawr nag oeddwn i o'r blaen yw … Mae pobl Gymraeg yn tueddu i ddefnyddio lot o eiriau Saesneg pan maen nhw'n siarad, dweud pethau fel *fridge* a *freezer* yn lle oergell a rhewgell, ond gyda Lena, dwi ddim yn gwneud hynny. Pan mae fy chwaer i felly yn dweud fy mod i'n *extreme*, falle ei bod hi'n iawn, mewn ffordd, achos dwi'n gwrthod defnyddio geiriau Saesneg. Felly mae fy ngeirfa wedi gwella a dwi'n edrych geiriau lan. Ry'n ni'n mynd yn ôl unwaith neu ddwy y flwyddyn o leiaf, a gweithio yng Nghymru fel ei bod hi'n cael mwy o amser gyda'i mam-gu a'i thad-cu a phethau fel 'na.

Os yw Lena yn ceisio siarad gyda fi yn y Saesneg, mae hi'n gorfod ailadrodd yn Gymraeg. Dwi'n gwybod bod ffrindiau eraill gen i sy'n dod o wledydd eraill ac sydd heb gael cymaint o lwyddiant, yn rhannol gan nad ydyn nhw'n ddigon *strict*! A dwi'n credu, pan fyddan nhw'n hŷn, y byddan nhw'n edrych yn ôl a naill ai'n dweud 'Diolch yn fawr', neu'n dweud, 'Pam na wnes di weithio'n fwy caled?'

Dyweda wrtha i am y cyferbyniad sydd rhwng byw yn Hong Kong a dod yn ôl i Gymru.

O ran sut mae'r lle yn edrych, mae'n hollol wahanol, wrth gwrs! Ond hefyd, y ffordd rydyn ni'n byw. Yng Nghymru, fydden ni ddim wedi gallu fforddio cael *nanny*, ond mae gennym ni rywun yma sy'n byw gyda ni, sy'n edrych ar ôl Lena, sy'n coginio a thacluso, felly mae hynny'n un peth. O ran gwaith, mae hynny hefyd yn wahanol oherwydd ein bod ni'n gweithio oriau lot hirach, oherwydd mae pawb yn cymryd yn ganiataol eich bod chi'n mynd i gael rhywun yn byw gyda chi sy'n edrych ar ôl y teulu. Mae'n lot haws i wneud ffrindiau yn fan hyn. Es i'n ôl i weithio i Lundain am chwe mis, a doeddwn i'n *methu* â gwneud ffrindiau newydd. Ond fan hyn, mae pobl yn gwneud ffrindiau yn syth gan bod cymaint o bobl o dramor yn byw yma.

O ran anfon Lena i'r ysgol leol, mae hynny'n anarferol iawn i bobl sydd ddim yn dod o Hong Kong. Mae'r rhan fwyaf o bobl fan hyn yn anfon eu plant i ysgolion rhyngwladol. Mae hyn hefyd yn golygu fy mod i'n methu â dilyn unrhyw beth sy'n mynd ymlaen yn yr ysgol. Pan aeth Lena i Ysgol Llantrisant am dymor dros gyfnod Covid pan roedd hi bron yn chwech, byddwn i'n gallu dilyn [beth oedd yn mynd ymlaen] petawn i moyn. Mae'n lot anoddach yma, ac mae hi'n gorfod cael tiwtor deirgwaith yr wythnos gan nad ydyn ni'n gallu ei helpu hi gyda'i gwaith cartref. Mae'r ffordd y maen nhw'n addysgu plant hefyd yn wahanol iawn, maen nhw'n lot fwy traddodiadol, y math o addysg fyddai fy rhieni i wedi ei chael. Dyw'r ffordd maen nhw'n dysgu ddim yn ffordd dwi'n cytuno â hi lot o'r amser, ond dyna fe, dwi jest yn gorfod derbyn. Os bydden i ddim yn hapus gyda rhywbeth yn Ysgol Llantrisant, bydden i'n gallu mynd â dweud, ond fan hyn, fyddai dim pwynt. Bydden nhw jest yn dweud, 'O, wel, dyna'r ffordd mae hi, os nad y'ch chi'n hoffi fe, croeso ichi fynd i ysgol arall.'

O ran y diwylliant, oes yna wyliau cenedlaethol yn cael ei ddathlu yn Hong Kong, ac a ydyn nhw'n dysgu am hanes yn yr ysgol?

Y peth mwyaf sy'n dod lan cyn bo hir yw'r Chinese New Year, felly mae hwnna fel arfer ddiwedd mis Ionawr, neu ddechrau mis Chwefror. Y flwyddyn yma, mae e yng nghanol mis Chwefror. Ac mae hynny fel dathlu'r Nadolig iddyn nhw. Mae Lena yn cael pythefnos i ffwrdd o'r ysgol, ond dy'n i ddim yn ei ddathlu e yn y ffordd y mae pawb arall yn ei wneud. Er bod fy ngŵr i'n Tsieineaidd, doedd y teulu ddim wir yn talu lot o sylw at bethau fel yna. Rydyn ni'n dathlu'r Nadolig, a'r flwyddyn newydd yma a'r flwyddyn ddiwethaf aethon ni'n ôl i Gymru. Rydyn ni fel arfer yn mynd yn ôl.

Ydi Lena yn ymwybodol o wyliau cenedlaethol sy'n digwydd yng Nghymru?

Roedden ni'n siarad am Ddydd Gŵyl Dewi Sant ddoe, roedd hi'n gofyn, 'Pryd mae dydd Cymru?' Roedd hi wedi dweud ei bod hi eisiau gwneud rhywbeth i'w gyflwyno i'w dosbarth hi ar Ddydd Gŵyl Dewi, ond y peth yw, dwi ddim yn credu bydden nhw [yn yr ysgol] yn ei hannog hi i'w wneud e chwaith. Mewn ysgolion yn y Gorllewin, byddai'n fwy tebygol o ddigwydd, ond fan hyn, does dim lot o ddiddordeb ganddyn nhw. Ond dwi wedi prynu cennin Pedr iddi ei wisgo. Mae hi'n ymwybodol o'r pethau. Roedd hi'n dweud wrtha i y bydd hi'n mynd i'r ysgol ac yn dweud, 'Shwmae?' nid, 'Good morning!' Mae hi wastad yn dweud mai hi yw'r unig berson yn yr ysgol sy'n dod o Gymru a phethau felly.

Oes yna rywbeth all y Cymry ei wneud i gefnogi mwy ar y Cymry dramor?

Byddai'n grêt pe bydden ni'n gallu cael rhaglenni Cymraeg! Ar un adeg, roedd hi'n dwlu ar *Patrol Pawennau*. Mae hi ychydig yn rhy hen i hynny nawr, ond pan aethon ni i Gymru, roedd e yn y Gymraeg, a doeddwn i ddim hyd yn oed yn gallu ffeindio DVDs – bydden i wedi eu prynu nhw, ond doedden nhw jest ddim ar gael. Byddai'n grêt pe baen nhw'n gallu gwneud pethau plant felly inni am ddim.

    Dwi wedi prynu cyfieithiadau Cymraeg o Roald Dahl i gyd iddi hi. Gyda llyfrau Saesneg byddai'n rhaid i'w thad ddarllen y rheiny gyda hi. Byddai mwy o adnoddau yn grêt. Dwi ddim yn credu bod rhaglenni fel Netflix yn dangos pethau Cymraeg, ydyn nhw? Bydden i'n fodlon talu!

Gyda dy ferch felly, faint o sialens ydi siarad Cymraeg efo hi mewn gwirionedd? Ydi o wedi bod yn rhywbeth hollol naturiol o'r dechrau?

Doedd dim problem, ac roedd hi'n help mawr bod fy ngŵr i'n gefnogol. Un peth arall dwi wedi bod yn ei ddweud wrthi hefyd yw bod hi'n iaith gyfrinachol. Does neb arall yn ein deall ni ac mae hi'n hoffi hynny! Mae hynny wedi bod yn help. Bydden i'n hoffi iddi gario ymlaen gyda'r iaith achos mae hi ar hyn o bryd yn angerddol. Dwi'n gobeithio y bydd hi'n dal eisiau cadw'r rhan honno ohoni hi ei hun yn fyw.

TEULU DEBBIE JONES

Teulu – Debbie Jones, ei gŵr, Steven a'u plant, Liam, Kieran a Chloe
O le yn wreiddiol Blaenau Ffestiniog
Lle maen nhw rŵan? Montreal, Canada

Rho ychydig o gefndir imi – o le wyt ti'n dod yn wreiddiol, dy fagwraeth, a pha mor fyw oedd y Gymraeg ar yr aelwyd wrth iti dyfu i fyny?

Dwi'n wreiddiol o Flaenau Ffestiniog, ac wedi byw yno am ran fwyaf o'm mywyd. Mi wnes symud i Minffordd ger Penrhyndeudraeth am gyfnod, ac wedyn i Llan Ffestiniog, a dyna lle ro'n i'n byw tan i mi ddod i fan hyn. Ro'n i'n siarad Cymraeg bob dydd ac wedi fy magu drwy gyfrwng yr iaith. Roedd teulu Mam a Dad yn Gymraeg, felly dim ond Cymraeg y byddwn yn siarad. Flynyddoedd yn ôl, pan oeddwn yn ifanc, doedd 'na ddim llawer o siarad Saesneg ym Mlaenau, ond yn ôl teulu a ffrindiau, mae pethau wedi newid, a llawer mwy o Saesneg i'w glywed o gwmpas erbyn hyn.

Es i i Ysgol Glan y Pwll i ddechrau, sydd bellach wedi cau. Digwyddodd hynny pan o'n i ym Mlwyddyn 5, felly ro'n i'n gorfod mynd i Flwyddyn 6 yn Ysgol Tanygrisiau. Ar ôl hynny, es i mlaen i Ysgol y Moelwyn. Yn yr ysgol gynradd, Cymraeg oedd yr iaith bob dydd, roedd ambell i blentyn yno efo un rhiant yn siarad Saesneg, ond Cymraeg oedd y plentyn yn siarad yn yr ysgol. Pan es i i'r uwchradd, roedd pethau ychydig yn wahanol, roedd mwy o Saesneg i'w glywed.

O ran criw ffrindiau bryd hynny, sut oedd y Gymraeg yn cael ei gweld? Oedd hi'n cael ei siarad yn naturiol ar lafar?

Ar y cyfan, Cymraeg oedd yr iaith oedd yn cael ei defnyddio fwyaf. Roedd gen i ddwy ffrind oedd yn tueddu i siarad mwy o Saesneg oherwydd bod un rhiant gan y ddwy yn siarad Saesneg. Dwi hefyd yn cofio, yn enwedig yn y dosbarth cofrestru pan oedd yr athro neu'r athrawes yn rhannu llythyrau neu unrhyw ddogfen, ac yn gofyn os oedden ni isio'r papur yn Gymraeg neu'n Saesneg, fi oedd yr unig hogan yn y dosbarth i ddewis Cymraeg.

Mi es i Goleg Meirion Dwyfor yn Nolgellau, ac wedyn es i weithio yn Blaenau Plastics fel *trainee*, a dechra gwneud NVQ Lefel 4 ym Mangor unwaith yr wythnos, a gweithio wedyn y pedwar diwrnod arall. Yn anffodus, wnes i ddim gorffen yn y brifysgol gan fy mod i wedi cael plant yn ifanc.

Beth oedd yr ysgogiad dros symud i Ganada a phryd ddigwyddodd hynny? Sut broses oedd hi?

Roedd hi'n adeg anodd. Roedd gen i ofn gadael pawb, gadael fy nheulu a fy ffrindiau. Roedd fy ngŵr yn gweithio yn Blaenau Plastics hefyd ac wedi teithio dipyn efo'i waith. Roedd o wastad yn sôn y byddai'n licio cael y cyfle i weld neu byw yn rhywle arall. Felly, dyna a fu, mi wnaeth o ei hun yn *internationally available* drwy ei waith, a dim ond rhyw dri diwrnod ar ôl iddo wneud y cais, cafodd alwad yn dweud bod swydd ar gael yng Nghanada. Doeddwn i ddim wedi disgwyl y byddai hyn wedi digwydd dros nos, ond dyna ddigwyddodd, bron.

Mi ddaeth fy ngŵr drosodd yma i Ganada, ac mi ddois i â'r plant drosodd wedyn yn ystod y gwyliau haf i gael edrych o gwmpas a gweld y lle. Ddois i â'r plant yn ôl adra wedyn a'i adael o yno i weithio. Dywedais wrtho y byddai'n rhaid iddo fo aros yna i weithio am o leiaf chwe mis i wneud yn siŵr ei fod yn licio'r lle, cyn i fi a'n tri o blant symud yno.

Erbyn hynny, yn Llan Ffestiniog yr oeddan ni'n byw, a'r plant yn mynd i Ysgol Bro Cynfal, ac felly dal ati i fyw fel hyn am chwe mis ddaru ni. Pan oedd fy ngŵr yn siŵr ei fod isio aros, mi wnes i benderfynu y byddai'n rhaid i ni roi *go* arni! Roedd dweud wrth deulu a ffrindiau yn anodd, a llawer iawn yn gofyn pam ein bod ni'n mynd. Yr ateb gen i oedd: 'Wel, os 'na i ddim trio fo, 'na i byth wybod.' Mi wnaethon gadw'r tŷ yn Llan a deud: 'Os na fyddan ni'n licio yna, ddown ni'n ôl – fydd gennan ni dŷ!' Ond na, roedd bob dim yn grêt! Symudon ni yma yn 2012. Ro'n i'n meddwl bod rhaid iddo ddigwydd yr adeg hynny achos roedd yr hynaf yn Mlwyddyn 6, yr ail ym Mlwyddyn 5 a'r 'fengaf yn y dosbarth meithrin. Felly ro'n i'n dweud, 'Os ydan ni'n pasa neud o, mae'n rhaid i ni ei wneud o rŵan, cyn i'r hynaf gyrraedd yr uwchradd.'

Tri o blant ddywedaist ti, felly beth ydi eu henwau nhw a beth ydi eu hoedran nhw rŵan?

Liam ydi'r hynaf, mae o'n 23. Kieran ydi'r ail, mae o'n 22. Wedyn Chloe ydi'r 'fengaf, ac mae hi'n 16.

Gan edrych felly ar y newid ysgolion, a oedd yna dipyn o waith ymgartrefu a setlo o safbwynt y plant?

Oedd. Roedden ni'n dod o bentref bach efo dim ond 58 o blant yn yr ysgol yn Llan, ac ro'n i wedi trio eu paratoi cyn gymaint ag y gallwn am yr ysgol newydd. Mi wnes i esbonio iddynt bod yr ysgol yn llawer iawn mwy o ran maint, ac yn mynd i fod yn llawn o blant o bob man yn y byd, rhai efo gwahanol grefyddau, gwahanol ieithoedd, gwahanol liwiau croen – pethau bach nad oedden nhw wedi arfer cymaint efo nhw yn ein hardal fach ni. Ro'n i'n teimlo ei bod yn bwysig iddyn nhw fod yn barod am y newid mawr oedd o'u blaenau.

Doedd Saesneg ddim yn bodoli llawer ym mywydau'r plant. Roedden nhw'n gwatsiad teledu ac ati, ond doedden ni byth yn siarad Saesneg efo nhw, a doedd dim llawer o blant Saesneg yn yr ysgol yn Llan chwaith. Ro'n i wedi dweud wrthyn nhw bod iaith arall yn cael ei defnyddio yng Nghanada hefyd, ac mai Ffrangeg oedd honno. Doedd dim llawer o ymateb, dim ond distawrwydd. Dwi'm yn siŵr iawn be oedd yn mynd drwy eu meddyliau bach nhw ar yr adeg hynny i fod yn onest, ond ro'n i jest isio iddyn nhw fod yn barod ar gyfer bob dim.

O ran eich sefyllfa ieithyddol chi rŵan, pa iaith sy'n cael ei siarad adref?

Cymraeg, bob dydd.

A thu hwnt i hynny, ddywedaist ti bod Ffrangeg yn cael ei siarad yng Nghanada hefyd?

Ddim ym mhob man yng Nghanada, ond yndi, mae Ffrangeg yn cael ei siarad a'i defnyddio yn Quebec, felly hefyd yma ym Montreal, mae'n rhan o'n bywydau ni bob dydd. Pan ddaethon ni yma, roedden ni'n cael gyrru ein plant i ysgol Saesneg gan bod fy ngŵr drosodd yma ar *working visa*. Ond, er ei bod hi'n ysgol Saesneg, roedd rhaid iddyn nhw wneud 85% Ffrangeg ac 15% Saesneg yn *Kindergarten*, *Grade 1* a *Grade 2*, ac wedyn *Grade 3, 4, 5* a *6* yn 50% Ffrangeg a 50% Saesneg. Roedd hyn yn sialens oherwydd doedden nhw ddim yn siarad Ffrangeg o gwbwl a dim ond ryw 'chydig o Saesneg.

Erbyn hyn, mae Ffrangeg Chloe yn berffaith. Hi oedd y 'fengaf, felly mae hi'n siarad tair iaith yn hollol rhugl. Mae'r ddau hynaf yn gallu siarad Ffrangeg hefyd – doedd hi ddim mor hawdd i'r hogia o'i gymharu â Chloe, ond maen nhw'n siarad a deall digon. Dwi'n siarad digon o Ffrangeg i allu mynd ymlaen efo bywyd bob dydd. Mae gan yr ail gariad rŵan, sy'n Ffrances, felly mae o'n siarad mwy o Ffrangeg! Dwi'n meddwl y mwyaf o ieithoedd maen nhw'n eu dysgu, y gorau.

Ydi siarad Cymraeg ar yr aelwyd wedi bod yn rhywbeth anodd i ddal ati gydag o, o gofio bod pawb o'ch cwmpas yn siarad iaith wahanol?

Mae wedi bod yn rhywbeth reit naturiol a dweud y gwir. Dwi'n meddwl ei fod o wedi helpu bod y gŵr a finna yn Gymraeg a'n bod ni'n cyfathrebu drwy'r Gymraeg drwy'r amser. Hyd yn oed rŵan, pan mae'r plant yn tecstio – yn y Gymraeg maen nhw'n gwneud. Mae Chloe yn gallu darllen a sgwennu yn y Gymraeg hefyd, ond efallai nad ydi ei safon hi mor uchel â'r ddau arall gan na chafodd hi yr un addysg, er bod gennym ddigon o lyfrau Cymraeg yn ein cartref wrth iddi dyfu i fyny, ac yn eu darllen nhw'n aml iddi, doedd o ddim yr un fath â bod mewn ysgol Gymraeg fel Bro Cynfal. Dwi'n gwbod ein bod ni fel Cymry efo tueddiad weithiau i ddefnyddio geiriau Saesneg wrth siarad Cymraeg a dechreuodd Chloe wneud hynny fel yr oedd hi'n dysgu mwy o Saesneg. Roedd hi'n amal yn deud 'O, dwi'n tired'. Fyddwn i'n ei chywiro hi'n syth yr adeg honna a dweud ei bod hi 'di blino. Roedd rhaid i mi ei chywiro hi'n amlach o lawer na'r hogia oherwydd nad oedd hi'n cael y cywiro yna o fewn ei haddysg yn yr ysgol.

Pan oedden yn mynd adra i weld teulu a ffrindiau roedd llawer iawn o bobl yn dod ataf i gal sgwrs fach, ac yn troi at y plant a gofyn, 'Oh, do you speak Welsh?' Ac mi fyddwn innau'n ateb drwy ddweud, 'Argol fawr, yndyn, bob gair, does dim rhaid i chi siarad Saesneg efo nhw!' Roedd hi'n rhyfedd i fi eu bod nhw'n gofyn, do'n i methu â dallt pam fydden nhw'n meddwl na fyddai'r plant yn siarad Cymraeg.

Oes yna deulu a chysylltiadau yn dal i fod yng Nghymru, felly?

Oes, mae pawb o'r teulu yn Nghymru. Dim ond y pump ohonon ni sydd yma yng Nghanada. Mae Mam, Dad, fy mrawd, ei wraig a'r plant yn byw ym Mlaenau Ffestiniog, wedyn mae rhieni'r gŵr, a llawer o'i deulu o, yn byw yn ardal Porthmadog.

Aethon ni adra yn ystod haf 2022 ac aros yno am fis bryd hynny. Dyna'r tro cyntaf i ni fynd adra mewn saith mlynedd. Ddaru ni ddim dweud wrth neb ein bod ni'n dod – dim ond bwcio bob dim a throi i fyny ar stepan y drws ffrynt! Mi oedd o'n emosiynol ofnadwy, ac mi oedd trio'i gadw fo'n gyfrinach yn anodd!

Yn ystod y mis hwnnw, oeddet ti'n gweld gwerthfawrogiad gan dy blant yn y profiad o fod yn ôl yng Nghymru?

O'n, ro'n i'n gweld hynny achos bod saith mlynedd yn amser hir a'r plant wedi tyfu fyny i fod yn oedolion a *teenager*. Roedd yr hynaf yn meddwl bod Cymru yn biwtiffyl! Roedd o'n mynd am dro i fyny'r mynyddoedd o'n cwmpas. Roedd bod yn ôl adra yn union yr un fath ag oedd petha flynyddoedd yn ôl; yr un hogia bach oedden nhw. Roedd eu ffrindiau yn dod i'w nôl nhw, mynd a nhw i'r *gym* am y diwrnod, mynd allan gyda'r nos, mynd i wylio pêl-droed – do'n i byth yn eu gweld nhw! Roedden nhw wastad efo rhywun. Maen nhw'n dal i siarad efo rhai o'r hogia adra hefyd; maen nhw wedi cadw cysylltiad efo dipyn ohonyn nhw.

O ran swydd, ydi dy swydd di yn gofyn am afael ar Ffrangeg neu a wyt ti mewn swydd sy'n uniaith Saesneg?

Pan o'n i yn byw yn Nghymru fy swydd cyn gadael oedd cymhorthydd yn Ysgol y Moelwyn, ym Mlaenau Ffestiniog. Wedyn, pa ddois i i fama, mi wnes i aros adra tan i Chloe ddechrau yn yr ysgol, cyn mynd 'nôl i weithio.

Ges i drafferth cael swydd oherwydd nad o'n i'n siarad Ffrangeg. Mi fuodd rhaid i mi fynd i weithio mewn ysgol breifat a oedd yn dysgu hanner yr amser yn Saesneg, a'r hanner arall yn Ffrangeg. Roedd y plant, felly, yn cael dau ddiwrnod a hanner efo fi yn siarad Saesneg, a dau ddiwrnod a hanner efo'r athrawes arall yn siarad Ffrangeg. Dyna oedd fy swydd am tua chwe mlynedd, ac erbyn rŵan, dwi'n gweithio efo *financial advisor* a dim ond Saesneg dwi angen i'r swydd honno.

I ddilyn trywydd ychydig yn wahanol, wyt ti'n meddwl bod dy blant yn ymwybodol o hanes Cymru a gwyliau cenedlaethol y wlad?

Dwi'n meddwl y basan nhw'n fwy ymwybodol tasan nhw wedi cael yr hanes yn yr ysgol, ond dwi'n tueddu i ddathlu rhai pethau. 'Dan ni'n dathlu Dydd Gŵyl Dewi, Dydd Mawrth Crempog, 'dan ni'n byta lobsgóws ac yn ddilynwyr mawr o rygbi, a 'dan ni i gyd yn mwynhau'n fawr iawn pan mae hi'n amser Pencampwriaeth y Chwe Gwlad. Dwi'n trio gwneud gymaint o bethau â phosib i gadw'r traddodiadau yn fyw. Mae bob dim sydd yn y tŷ yn Gymraeg. Mae'n llawn addurniadau Cymraeg, 'Gwlad, Gwlad,' wedi'i ysgrifennu ar y wal, addurniadau bach yn y gegin, a phan ti'n dod i mewn drwy'r drws ffrynt, mae addurn ar y wal yn dweud 'Croeso'. Dwi'n dal i ddeud 'adra' am Gymru o hyd.

A oes gen ti fynediad at bethau rhithiol drwy gyfrwng y Gymraeg? Y cyfryngau cymdeithasol ac ati?

Dwi ddim yn mwynhau teledu Canada, felly'n dwi'n gwylio rhaglenni o adra, gwylio S4C Clic o hyd – dwi wrth fy modd efo *Gwesty Aduniad*! A dwi'n gwylio *Bariau* ar hyn o bryd. Dwi ddim yn gallu cael bob dim gan nad ydi S4C yn caniatáu i rai rhaglenni gael eu gwylio tu allan i'r wlad.

O ran newyddion, dwi ddim yn gallu gweld bob dim ddim mwy. O'r blaen ro'n i'n gallu mynd ar Facebook ac yn gallu cael newyddion bob dydd, ond ers 'chydig fisoedd bellach 'di hynny ddim yn bosib oherwydd bod Canada wedi dod â rheolau newydd sy'n ein rhwystro ni i ddarllen unrhyw newyddion o'r tu allan i'r wlad. Weithiau, bydd Mam yn rhannu erthyglau, a dwi'n gorfod ei hatgoffa nad ydan ni'n gallu eu gweld ddim mwy ac yn gorfod gofyn iddi yrru *screenshots* i mi. Mae bobl yma yn mynd yn wyllt bost am y peth.

Wyt ti'n adnabod Cymry sy'n byw yn dy gyffiniau di yng Nghanada?

Yndw! Y gŵr sy'n rheoli'r dudalen *Welsh Society of Montreal/Cymdeithas Gymraeg Montreal* ar Facebook. *Montreal Welsh* oedd yr enw pan ddaethon ni yma, ond mae wedi newid bellach i *Welsh Society of Montreal*. Mae yna gôr Cymraeg yma, ond wedi i'r cadeirydd farw ychydig flynyddoedd yn ôl, mi newidiodd pethau ychydig, ond bellach mae'r côr yn cael ymarferion ac yn cynnal dau gyngerdd y flwyddyn i'r cyhoedd. Mae'r côr yn canu un neu ddwy o ganeuon yn y Gymraeg, ond nid oes gan bob aelod o'r côr gysylltiad â Chymru.

Adeg y *Six Nations*, 'dan ni'n mynd i lawr i Montreal i wylio'r gemau, ac fel arfer yn gweld ryw 'chydig o bobl yn gwisgo crysau coch. Mi wnawn nhw ddod aton ni i siarad gan ein bod ninnau mewn crysau coch hefyd. Drwy hynny, 'dan ni wedi cyfarfod dipyn o Gymry. Dwi'n adnabod dipyn yma, ond dim ond un o'r rheiny sy'n siarad Cymraeg – ond ddim mor rhugl â fi, nac yn siarad Cymraeg efo'i phlant chwaith.

Mae yna un arall dwi'n 'nabod yma, roedd hi'n siarad Cymraeg pan oedd hi'n ifanc ond dydi hi ddim yn gwneud erbyn hyn. Pan fydd ei rhieni hi'n dod drosodd, mae ei mam yn siarad Cymraeg efo fi a Saesneg efo hi. Pan wnes i ofyn iddi pam nad ydi hi'n cofio'r iaith dywedodd, nad oedd hi'n siarad llawer o Gymraeg yn yr uwchradd, ac nad oedd pwysau gan athrawon i'r myfyrwyr wneud hynny. Felly, fel roedd amser yn pasio, roedd hi'n siarad llai a llai o Gymraeg, a dyna sut y diflannodd yr iaith o'i bywyd. Mae hi'n dallt ambell i beth, ond dydi hi'n methu cynnal sgwrs yn y Gymraeg. Fedra i fyth ddychmygu colli fy Nghymraeg.

Oes gen ti unrhyw beth i'w ddweud i gloi?

Pan ddois i yma, y cwestiwn o'n i'n ei gael o hyd oedd: 'Pam dy fod isio gadael Cymru?' Dydi o'n ddim byd yn erbyn y lle ro'n i'n byw, ond yn hytrach bod yr *what if*, a'r *unknown* wedi gwneud i mi fod isio trio rywbeth newydd. Roedd gen i fywyd andros o hapus yng Nghymru, ond dwi'n hapus yn lle dwi'n byw rŵan hefyd. Mae bywyd yn wahanol yma, dwi'n dweud wrth bawb, gwnewch y mwyaf o fywyd, un waith dach chi'n byw, peidiwch â gadael i bethau eich dal chi'n ôl. Yndi, mae symud i wlad arall yn anodd, peidiwch â disgwyl iddo fod yn hawdd, ond cymrwch y cyfle a gwneud y gorau ohono. Ond, eto, pan dwi'n mynd adra, mae'r bobl mor neis, mor agos atat ti. Adra ydi adra, a dyna fydd o am byth.

TEULU ELINOR YOUNG

Teulu – Elinor Young, ei phartner, Luke a'u merch, Isla Gwawr
O le yn wreiddiol Yn enedigol o 'The Borders', yr Alban, wedi ei magu yn yr Wyddgrug
Lle maen nhw rŵan? Capetown, De Affrica

Rho ychydig o gefndir inni – o le wyt ti'n dod yn enedigol, ychydig am dy fagwraeth a pha mor fyw oedd y Gymraeg yn ystod dy blentyndod?

Cefais fy ngeni yn yr Alban, mewn ardal o'r enw 'The Borders' ac mewn tref o'r enw Hawick. Roedd Dad yn filfeddyg yno a Mam hefyd yn filfeddyg rhan-amser. Wnaethon nhw gwrdd yn yr ysgol filfeddygol yn Glasgow – Dad yn dod o fferm yn Ayrshire a Mam yn dod o Fangor. Roedd Mam yn siarad yn y Gymraeg gyda fy mrawd Alasdair (sydd bedair mlynedd yn hŷn na fi). Ar ôl i Mari a finnau gael ein geni wedyn, roedd hi'n anoddach dwi'n meddwl. Dwi'n cofio bod ar wyliau gyda fy nghefndryd o Fangor a sir Fôn a methu â deall beth roedden nhw'n ei ddweud. Dwi'n cofio bod yn nhŷ Nain a Taid Bangor a meddwl mai iaith od iawn oedd pawb yn ei siarad.

Ar ôl symud i'r Wyddgrug yn 1991 oherwydd iechyd Dad, aethom i Ysgol Glanrafon. Roeddwn i'n saith mlwydd oed. Ar ôl pythefnos o wersi *intensive* gydag athrawes Gymraeg yn yr ysgol, doedd yr athrawon ddim yn credu Mam pan oedd hi'n dweud nad oedden ni'n rhugl yn y Gymraeg cyn symud. Mae'n rhaid fod yr iaith gennym ni'n barod ar ôl ei chlywed gymaint ond bod angen 'dod â hi allan' rywsut.

Am 'chydig o flynyddoedd dwi'n cofio Mam yn siarad Cymraeg yn unig efo ni, ond roedden ni weithiau'n ei hateb yn Saesneg. Rhywbeth mae plant fy mrawd, sy'n byw yn Surrey, hefyd yn ei wneud. Yn ara' deg, daeth y Gymraeg yn iaith y tŷ – Cymraeg rydan ni'n siarad fel teulu, ac erbyn hyn mae Dad yn rhugl hefyd.

Es i ymlaen i Ysgol Maes Garmon ac wedyn i'r brifysgol yn Nottingham i astudio Meddygaeth. Wedi gorffen yn yr Ysgol Feddygol cefais fy swydd gyntaf yn Ysbyty Prince Philip Llanelli ac yna yn yr ysbyty ym Mhen-y-bont ar Ogwr. Wedyn, cefais ddwy flynedd o weithio a theithio ac astudio – Seland Newydd, Tsieina, Fietnam, Cambodia, Japan a gweithio yn Sierra Leone am gyfnod o dri mis.

Hyfforddais fel meddyg teulu yng Nghaerdydd wedyn, cyn teithio mwy gyda fy ngwaith, a chael gyrfa fel *expedition doctor* lle wnes i gwrdd â fy mhartner yn Antarctica. Ers mis Mai 2023, dwi'n byw yn Capetown gyda fy mhartner Luke a fy merch Isla Gwawr a'r ci Tanna (sydd yn rhugl yn y Gymraeg!)

Be ydi dy obeithion di ynghylch trosglwyddo'r Gymraeg i Isla?

Ro'n i eisiau i Isla gael enw Cymraeg, ond ro'n i hefyd eisiau enw fyddai teulu yr Alban a theulu De Affrica yn gallu ei ynganu. Ro'n i'n hoffi'r enw 'Gwawr', felly Isla Gwawr ydi hi, ac roedd 'Isla' yn enw Albanaidd ro'n i wir yn ei hoffi hefyd.

Rydyn ni wedi prynu tŷ yma, a 'dan ni'n bwriadu setlo yma yn y tymor canolig, felly mi ddywedais i wrth fy mhartner y byddwn i'n trio am ddwy flynedd o leiaf. Ond mae'n lletchwith i fi ar hyn o bryd achos dwi methu gweithio, gan nad ydw i wedi llwyddo i gael fy Medical Registration yn y wlad yma eto. Dwi'n gobeithio bod hynny'n mynd i ddod, ond yn y cyfamser, dwi'n mynd i weld os alla i wneud gwaith gwirfoddol mewn clinig. Felly ie, 'dan ni ddim yn siŵr yn union pa mor hir fyddwn ni'n aros, dwi'n siŵr y bydde Luke yn hapus i aros am byth! Ond mae'n hapus i wneud beth dwi'n hapus i'w wneud. Dwi'n hapus ar hyn o bryd achos dwi'n meddwl fy mod i'n gallu siarad Cymraeg efo Isla, ac mae hi'n gallu gweld a sgwrsio efo'i theulu'n ddigonol hefyd, ond pan fydd hi'n hŷn ac yn wynebu oedran mynd i'r ysgol, dwi'n meddwl mai dyna pryd fydd o'n mynd yn rili anodd. Felly, y gobeithion ydi ei bod hi jest yn mynd i gymryd yn ganiataol mai dyna'r iaith fydden ni'n dwy yn siarad, a bod yna ddim byd yn bod ar hynny, er efallai na fydd ei ffrindiau hi a'r bobl o'i chwmpas hi'n gwneud hynny.

Mae cymaint o ieithoedd gwahanol yma yn Ne Affrica, sydd hefyd yn cael ei alw yn *The Rainbow Nation*. Pan fyddi di'n mynd i'r *pre-school* yma bydd plant yn siarad Saesneg, Afrikaans, Zulu, Xhosa. Dwi wir jest yn gobeithio y bydd hi felly yn gweld y Gymraeg yn hollol normal, a dyna fydd yr iaith fydd hi'n siarad yn y tŷ efo'i mam.

Ar ochr arall i'r geiniog wedyn – a oes gen ti bryderon o gwbl?

Bydd gen i bryderon wrth iddi fynd yn hŷn, pan fydd hi'n mynd i'r ysgol ac ati, a phan fydd yna ddylanwadau allanol arni. Oherwydd fy mhrofiad personol i o gael fy magu yn yr Alban efo mam oedd yn siarad Cymraeg, dyna dwi'n ei gofio, sef fy mod i'n meddwl ei fod yn brofiad *weird* a bod neb o'n cwmpas ni'n siarad yr iaith honno. Felly dwi'n meddwl fy mod i jest yn pryderu ynghylch sut dwi'n mynd i gario ymlaen wrth iddi fynd yn hŷn. Mae fy mrawd i'n gwneud yr un math o beth yn Surrey mewn gwirionedd. Mae'r plant yn naw a phump oed, ac maen nhw'n rhugl, maen nhw'n deall bob gair. Maen nhw'n mynd i gapel Cymraeg ac yn canu emynau Cymraeg, maen nhw'n deall bob dim ac maen nhw'n gallu siarad yr iaith mewn sgwrs. Maen nhw jest yn swnio fel plant bach Cymraeg. Dwi ddim yn gwybod sut fydden nhw yn y dyfodol, ond 'dan ni jest yn gorfod dyfalbarhau.

Mae'n bwysig hefyd, dwi'n meddwl, bod gen ti bartner sy'n gefnogol. Mae gwraig fy mrawd yn gefnogol iawn, er ei bod hi'n Saesneg, ac mae gŵr fy chwaer hefyd yn ddysgwr, ac maen nhw'n byw yn yr Wyddgrug. Mae'n deall mwy na mae'n siarad. Mae Luke, hefyd, yn gefnogol iawn. Dwi ddim yn gwybod sut fydd hynny yn y dyfodol pan fydda i ac Isla yn sgwrsio mwy a'i fod o ddim yn deall. Mae Luke yn gallu dweud 'eistedd', 'gwely', 'dim llyfu' – hynny ydi, siarad efo'r ci!

Mi wnes i fyw yn yr Wyddgrug am gyfnod efo Mam a Dad, ac mi ddaeth Luke aton ni ar ôl bod yn yr Antarctica am bedwar mis. Ddaeth o'n ôl a byw efo ni ein tri, a chafodd Isla ei geni. Yn ystod yr amser yna, gafon ni gymaint o *quality time* fel teulu. Roedd fy chwaer i hefyd yn byw i lawr y lôn, felly os fydde'r plant efo cyngerdd ysgol, roedden ni'n mynd. Roedden ni'n cael bod yn rhan o hynna. Roedden nhw wedi gwneud sioe gerdd ac roedden nhw wedi mynd drwodd i'r Eisteddfod, ac mae'r brif gân yn mynd rhywbeth fel: 'Croeso i'r swww, croeso i'r swww' ac wedyn mae'r anifeiliaid sw i gyd yn dod ymlaen. Beth bynnag, roeddwn i'n ffeindio Luke o gwmpas y tŷ ar ôl hynny jest yn canu'r darn! Felly mae hynna wedi bod yn rili sbesial. Mae o wedi gweld pa mor bwysig ydi pethau felly i ni fel teulu, a'r pethau ti'n gallu eu cael allan o iaith a chymuned a phob peth sy'n dod efo hynny.

Wyt ti'n meddwl bod cyflwyno mwy nag un iaith i blentyn yn gallu arwain at ddryswch, neu a ydi dwyieithrwydd, tairieithrwydd ac ati, ddim ond yn cyfoethogi eu bywydau nhw?

Pan dwi'n meddwl yn ôl i'r cyfnod pan oedd Mam yn ddynes ifanc efo tri o blant bach, roedd hi'n Gymraes oedd wedi symud i dref fach yn yr Alban heb *internet*, heb Facebook na WhatsApp, felly mae'n debyg ei bod hi fel, 'Be dwi'n ei wneud yn y dref yma?!' a bod pobl fel, 'Welsh? What's that? Why speak Welsh with your baby? You're going to confuse him!' Dyna beth roedd hi'n ei gael efo fy mrawd.

Ond aeth Ali, fy mrawd, i Gaergrawnt lle cafodd Radd Dosbarth Cyntaf mewn Peirianneg. Dwi'n meddwl bod llai o hynny rŵan ond mae'r agwedd yn parhau i fod ychydig bach yn gul. Ro'n i'n byw ar Ynys Skye yn yr Alban am gyfnod. Mae rhai pobl yno'n siarad Gaeleg, ond beth wnes i ei weld yno oedd cenhedlaeth ychydig bach hŷn na fi gyda'u rhieni nhw wedi siarad yr iaith efo'i gilydd, ond heb ei phasio ymlaen.

Mae yna ranbarthau sy'n ceisio hybu Gaeleg, ond dim ond pobl lot hŷn sy'n siarad yr iaith erbyn hyn, sy'n drist. Bydda i'n meddwl pam nad ydyn nhw'n sylweddoli beth maen nhw wedi ei golli, tra fy mod i'n gwybod beth dwi wedi gael.

Mae Anna, fy chwaer yng nghyfraith, yn academydd, ac mi wnaeth hi lot o ymchwil i hyn. Roedd hi'n gefnogol i'r ffaith ei fod yn beth da i blant gael mwy nac un iaith. Ond hyd yn oed yn fama, mae gennym ni ffrindiau o Simbabwe sy'n siarad eu hiaith nhw, Chewa, hefyd. Dwi'n meddwl y bydd Isla mwy na thebyg yn gorfod siarad Xhosa. Dwi'n darllen llyfrau iddi ac mi fydda i'n dweud, 'W, sbia, bwni!' neu 'Sbia, gwdihŵ!' ond mae'r llyfr ei hun yn Saesneg felly efallai fydd hynny yn ei drysu hi, ond ar hyn o bryd, dwi ddim yn poeni gormod.

Yr unig beth dwi'n ei wybod efo'r Gymraeg ydi, os nad ydw i'n trio, dydi hi ddim yn cael y cyfle. Os nad ydw i felly yn siarad efo hi yn y Gymraeg, does dim gobaith.

Ac rwyt ti wedi trafaelio lot, Elinor! Fyddi di'n hiraethu o gwbl?

Dwi jest methu aros yn llonydd rili, dwi ddim yn gwybod pam, ond mae pawb fel, 'Beth mae hi'n mynd i'w wneud nesaf?' efo fi o hyd! Jest ar ôl Covid, wnes i fyw yng Nghaerdydd am gyfnod ychydig yn hirach, ac ro'n i'n teimlo'r mwyaf cartrefol dwi wedi'i deimlo yno erioed. Dwi'n meddwl bod hynny oherwydd i mi aros yn llonydd mewn un lle. Os wyt ti'n symud o gwmpas drwy'r amser, does dim un lle sy'n gallu teimlo'n gartrefol go iawn. Felly ydw, dwi yn colli ffrindiau Caerdydd. Ro'n i'n caru mynd â'r ci am dro a gweld y bobl i gyd yn y parc yn Ystum Taf!

Ond i bob man dwi'n mynd, dwi'n colli adref fwy a mwy. Dwi'n rili colli fy chwaer. Dwi'n colli plant fy mrawd a fy chwaer, achos dwi wir wedi mwynhau eu gweld nhw'n tyfu i fyny a dwi'n dal isio bod yn rhan o hynny. 'Dan ni'n mynd 'nôl mis Mawrth – bydd Isla yn cael ei bedyddio yr un pryd a'i chefnder, Mabon. Dwi'n edrych ymlaen gymaint. Dwi'n deall hiraeth, ond colli pobl ydw i, rhan fwyaf. Hefyd, mae'n rhaid i fi wneud chydig o waith clinigol fel meddyg i gadw fy hun yn *up to date*.

Felly fyddai hi'n deg dweud dy fod ti'n un sy'n hiraethu mwy am bobl yn hytrach na lle daearyddol?

Ti'n teimlo'r hiraeth yna ond wedyn, roedd y cyfnod o fynd yn ôl i'r Wyddgrug a bod efo'r teulu yn gyfnod arbennig iawn yn fy mywyd i. Roedd yn bwysig i Mam i Dad hefyd achos dyma oedd y chweched o'r wyrion a'r wyresau, ond doedden nhw ddim yn llai *excited*, roedden ni hefyd yn byw yna! Felly wna i gofio'r agosatrwydd yna.

Roedd fy chwaer wedi symud o Bont-y-clun hefyd ryw dair blynedd yn ôl, a symud yn ôl i'r Wyddgrug. A jest bod Mari, fy chwaer i, yn gallu dod i mewn ac allan – roedd hi yno pan gafodd Isla ei geni hefyd. Dim ond brodyr a chwiorydd oedd yn cael dod i'r ysbyty ond fe ddywedodd y fydwraig, 'Just say that you're siblings', felly roedd plant Mari wedi gallu dod i weld Isla pan oedd hi'n un diwrnod oed. Felly roedd hynny'n sbesial. A'r gymuned yn yr Wyddgrug! Dwi ddim yn meddwl bod diwrnod wedi mynd heibio yn y tŷ pan nad oedd rhywun wedi dod heibio i'n gweld ni.

Ond er fy mod i'n hiraethu, dwi'n gwybod y bydden i'n cael *itchy feet*! Ar ddiwrnodau anodd yn fan hyn, mae fy ffrindiau'n fy ffonio a gofyn pam fy mod i ddim jest yn mynd adre os nad ydw i'n gallu cael job a stwff, ond dydi o ddim mor hawdd â hynna. Fasa pethau ddim yn berffaith yng Nghymru chwaith, achos fyddai'n anodd i Luke gael swydd hefyd. Ond o ran y bobl, diwylliant a'r iaith yng Nghymru, ti'n gweld yr un peth fan hyn. Pobl yn sticio efo'i gilydd, er ei bod hi'n *Rainbow Nation*! Mae pobl eisiau bod efo'u pobl nhw.

Wnes i wneud ffrindiau efo merch sydd yn dod o St Helen's rhwng Lerpwl a Manceinion, a dyma ni'n cwrdd ar y *flight* yn ôl i fan hyn. Mae ganddi hi efeilliaid sydd tua'r un oed â Isla. Ddaru ni jest clicio – ar yr awyren, ar ôl tri munud, ro'n i'n gwybod fy mod i'n mynd i fod yn ffrindiau efo hon. Mae gen ti yr un hiwmor a'r un *cultural references*, mae yna rywbeth ynglŷn â jest deall rywun.

Ges i decst gan gwpl oedd yn ffrindiau efo fy chwaer a fy mrawd yng nghyfraith yn y coleg, maen nhw'n siarad Saesneg ond mae eu plant nhw'n rhugl yn y Gymraeg. Maen nhw'n dod i Cape Town ar eu gwyliau ac eisiau cwrdd, ac ro'n i fel, mae hyn yn *amazing*! Felly drefnon ni i gwrdd un pnawn, a dwi'n edrych ymlaen at weld rhywun sydd jest yn dod o adre, ti'n teimlo ychydig bach yn fwy cartrefol. Mae mynd adref lot yn gallu bod ychydig yn *destructive* i setlo, ac wrth gwrs, does gennym ni ddim pres i fynd adref bob amser. Ond os nad wyt ti'n mynd yn ddigon aml, ti hefyd yn ei golli o fwy!

Felly ydw i'n iawn yn dweud mai yn y byd meddygol wyt ti'n gweithio a bod dy swydd di wedi galluogi iti deithio llawer dros y blynyddoedd?

Ie, dwi wedi bod yn lwcus iawn – fel meddyg sylweddolais i fy mod i'n gallu gweithio mewn gwledydd eraill. Dwi'n eithaf *outdoorsy*, felly ro'n i eisiau gwneud pethau fel mynd i fyny Kilimanjaro ac ati, a gofyn ar y teithiau, 'Do you need a doctor?' A rhywsut, mae o wedi parhau fel yna. Unwaith ti wedi gwneud un *expedition*, mae gen ti hwnna ar dy CV wedyn, felly ti'n fwy tebygol o gael un arall, a chael un arall ... Dim dyna oedd y bwriad, ond doedd gen i erioed gynllun! Dwi wedi gwneud pethau mor *weird*. Dwi wedi gwneud *expedition* Flight of the Swans, felly ro'n i'n dilyn y ddynes yma oedd yn mynd mewn paramotor o Loegr i Rwsia, i Siberia, i ddilyn yr elyrch. Fi oedd y meddyg oedd yn ei dilyn hi, ac yn stopio ac yn campio ar y ffordd.

Ydi dy deulu o adref wedi dod drosodd atoch chi o gwbl?

Mae Mam a Dad wedi bod unwaith, mi gawson ni fodd i fyw! Maen nhw'n 73 rŵan, ac ro'n i wedi sgwennu rhestr o bethau iddyn nhw allu eu gwneud, ond roedden nhw jest eisiau bod efo ni!

Fe ddaru nhw ddefnyddio Uber am y tro cyntaf a gweud llwyth o *sightseeing*. Roedden nhw wrth eu boddau. Felly gobeithio fydden nhw'n dod flwyddyn nesaf eto.

Beth all y Cymry ar lawr gwlad yng Nghymru wneud i helpu Cymry dramor?

Mae angen BBC ac S4C Clic i wylio pethau, a dydyn nhw ddim yn bethau dwi'n gallu eu cael yma. Dwi'n meddwl y byddai'n dda cael mwy o ffynonellau. Ar Rwydwaith Menywod Cymru, wnes i roi nodyn yno i geisio ffeindio pobl eraill sydd un ai'n ddysgwyr neu'n siaradwyr Cymraeg. Wedyn ges i un o fy ffrindiau gorau yn dweud, 'O, Els! Wnes i gymryd *screenshot* i yrru i ti cyn sylweddoli mai ti oedd hi!' A wedyn dyma fy nghyfnither i, Branwen, yn gwneud yr union yr un peth! A wedyn ges i dair neges gan bobl dwi'n nabod yn dweud pob lwc wrtha i, felly ro'n i fel 'Diolch, ond dim dyma oedd y pwynt, gâis!' Dwi wedi sbio ar bethau fel y Gymdeithas Gymraeg yma ond mae'r wefan yn edrych mor hen a neb wedi postio ers llawer. Ond mae'n *rhaid* bod rhywun yma!

'Dan ni'n lwcus iawn achos 'dan ni'n gallu mynd yn ôl – a 'dan ni'n mynd yn ôl fis Mawrth tan fis Ebrill. Efallai mai dyna'r unig drip eleni, ond efallai awn ni eto, felly 'dan ni ddim yn styc, 'dan ni'n ffodus iawn. Dwi hefyd wedi ordro pethau Si-Lwli i Isla sydd yn mynd i helpu hi efo ei geiriau cyntaf. Ti 'di gweld y sêr yna sy'n canu? Mae gennym ni un o'r rheiny a daeth un o fy ffrindiau draw y diwrnod o'r blaen efo'i phlentyn sy'n hanner De Affrica, hanner Lithuanian. A dyna lle'r oedd hi yn yr ardd yn dawnsio i fyny ac i lawr i'r gân 'Mae gen i dipyn o dŷ bach twt'! Roedd hi'n wych ei gweld hi'n dawnsio i'r gerddoriaeth Gymraeg yma. Ac mae gan Isla lwyth o lyfrau Cymraeg, dwi mor falch ein bod ni wedi cael cymaint o anrhegion. Mae hi hefyd am gael *hand-me-downs* hwdis Mr Urdd!

TEULU WIL DAVIES

Teulu – Wil Davies a'i fab, Twm
O le yn wreiddiol Nant Peris, Clynnog a Llanberis
Lle maen nhw rŵan? Rerewhakaaitu, Seland Newydd

Rhowch ychydig o gefndir imi – o le ydych chi'n dod yn wreiddiol?

Dwi wedi fy ngeni yn Nant Peris, wedyn mi fues i'n byw yng Nghlynnog am naw mlynedd ar ôl i fy nhad brynu fferm yn fanno. Wedyn, mi wnaethon ni symud yn ôl i Lanberis yn '69, ac mi fues i yn fanno yn ffermio efo fy nhad tan ro'n i'n ryw 21 oed. Es i ar fy liwt fy hun wedyn a thrio gwneud y bywyd gorau fedrwn i. Mi ddois i yma i gneifio yn '94, ac ar ôl hynny mi wnes i ddisgyn mewn cariad efo'r wlad, a doedd yna ddim byd wedyn yn mynd â fi, dim ond isio dod yn ôl yma. Ddois i yma wedyn yn 2007, ac es i ddim oddi yma. Fama ydi adra, ac achos bod gen i'r bychan efo fi rŵan, mae o'n chwech oed, ac mae o wedi seilio fy mywyd i yma.

Mae Twm yn hanner Cymro, hanner Croatian. Dydi o ddim yn gwneud llawer o ddim byd efo'i fam, mae o yma efo fi ers iddo fod yn bedair wythnos oed. Ond fues i'n siarad efo'i nain y diwrnod o'r blaen, sef mam ei fam o, a dallt ei bod hi'n chwarter Cymraes hefyd, felly mae ganddo fo fwy na 50% o Gymraeg ynddo fo. Mi fyddai'n ddifyr gwneud Ancestory DNA arno fo!

Wrth dyfu i fyny, pa mor fyw oedd y Gymraeg ym myd addysg ac ymysg cyfoedion?

Es i i Ysgol Nant i ddechrau pan o'n i tua thair i bedair oed, ysgol sydd bellach wedi cau. Es i i Ysgol Brynaerau wedyn a'r Gymraeg oedd bob dim. Do'n i ddim yn gallu siarad llawer o Saesneg tan ro'n i tua 11 oed. Dwi'n cofio pan o'n i'n mynd o Ysgol Brynaerau i Ysgol Penygroes, ges i gwestiynau i fy rhoi mewn rhyw ddosbarth. 'Pwy sy'n byw yn 10 Downing Street?' A finnau'n hogyn o ganol y wlad, do'n i ddim yn gwybod os mai Musus Robaij 'ta Musus Jôns oedd yn byw yno! Doedd gen i ddim syniad, ro'n i'n meddwl mai stryd ym Mhenygroes oedd Downing Street!

Dwi'n siarad dim byd efo Twm, dim ond Cymraeg. Cymraeg efo Twm, Cymraeg efo'r cŵn, Cymraeg efo'r gwartheg! Os fyddwn i'n hitio fy mawd efo morthwyl, yn y Gymraeg fyddwn i'n rhegi! Mae Twm yn dallt Cymraeg, bob gair, ond ychydig iawn wneith o siarad yn Gymraeg rŵan ers mynd i'r ysgol. Os oedd yna hogyn Saesneg yn dod i Ysgol Brynaerau, doedden ni'n methu siarad Saesneg, ond mewn ryw dair wythnos i fis, mi fyddai o'n siarad Cymraeg 'de.

Ac efo Twm, ai Saesneg ydi'r iaith fwyafrifol yn ei ysgol?

Ia, Saesneg ydi fama i gyd. Maen nhw'n dysgu ychydig o Māori, ond does yna ddim llawer o neb yn siarad yr iaith honno yma. Maen nhw'n cyfarch ei gilydd yn yr iaith honno yn yr ysgol. Maen nhw'n trio'i chadw hi i fynd, ond maen nhw'n taro'n erbyn wal hefyd, fyddwn i'n ei ddweud. Ryw 4% yma sy'n Māori, a ryw 4% o fewn y 4% hwnnw sy'n siarad yr iaith.

Mae Twm yn dweud pethau fel, 'I'm going to sit in your cadair'. Mae'n lluchio geiriau Cymraeg i ganol y Saesneg. Mae ganddo'r geiriau, ond dydi o ddim yn gwneud brawddegau yn y Gymraeg ddim mwy. Mi oedd o i ddechrau, dim ond fi oedd o'i gwmpas o. Ond pan aeth o i'r ysgol feithrin, roedd rhaid iddo ddysgu Saesneg wedyn, doedd.

Ydi hynny'n destun pryder i chi?

Nadi, dydi o ddim. Dwi'n gorfod siarad Saesneg pan dwi'n mynd drwy'r drws, dydw? Mae yna ddwy ddynes o Ynys Môn yma efo fi heddiw, a dwi'n cael siarad Cymraeg. Saesneg ydi iaith y lle 'ma. Dydi o felly ddim yn bryder i mi, alla i ddim pwyso ar neb yma i ddysgu Cymraeg gan bod yna neb yn ei dallt hi. *Fighting a loosing battle* ydw i, mewn ffordd. Mae 'na Gymry yma hefyd, ond ychydig iawn, a lot o Gymry di-Gymraeg.

Oes yna Gymry o'ch cwmpas chi felly, yn go agos?

Mae gen i ail gyfnither yn byw wrth fy ymyl i yn fama, wedi ei ffeindio hi drwy Ancestory DNA. Mae hi yma ers deuddeg o flynyddoedd a dim ond flwyddyn diwethaf wnes i ei ffeindio hi! Mae hi'n siarad Cymraeg ac mae ei phlant hi yn hanner Māori, felly fydda i'n cael sgwrs Gymraeg efo Lowri. Mae yna Gymry yma fel arall ond ychydig iawn ohonyn nhw sy'n siarad Cymraeg.

Mae yna weinidog yn Harlock North, John Goodman Matthews, ac mae o'n dod o ochrau Bangor. Dwi wedi'i gyfarfod o drwy Facebook ac mae o'n siarad Cymraeg, a Chymraes ddi-Gymraeg o'r Fenni ydi ei wraig, Suzi. Mae John fel ryw eicon yn yr eglwys, ond o Fangor yn wreiddiol.

Ydych chi'n mynd adref o gwbl?

Dwi ddim wedi bod ers chwe mlynedd rŵan. Fy newis i oedd dod yma, felly pan dwi'n mynd allan drwy'r drws, dwi'n New Zealandar yn dydw, er mai 'The

Welshman' maen nhw'n fy ngalw i ym mhob man yma! Ond Cymro i'r carn ydw i hefyd, 100%.

Wnei di ddim colli dy acen. Mae'r rhain yn fama, dydyn nhw ddim yn fy nallt i pan dwi'n siarad Saesneg, mae'n siarad i'n reit peth'ma, ond Cymraeg dwi wedi'i siarad erioed, 'de? Dwi'n cofio pan oedd Mam a Dad yn siarad Saesneg a ninnau ddim yn eu dallt nhw, ond ein bod ni'n gwybod mai Saesneg oedd yr iaith!

O ran yr hyn sydd gan Gymru i'w chynnig fel adnoddau i Gymry dramor, ydych chi'n meddwl ei bod hi'n anodd i'r wlad gystadlu yn erbyn y mawrion, er enghraifft, Netflix?

Faswn i wrth fy modd yn cael S4C yma. Ond, rhyfedd iti ddweud, mae 'na sianel Māori yma, a ryw chwe mis yn ôl, roedd *Hedd Wyn* ymlaen! Ac roedd hi'n Gymraeg ond efo *subtitles* Saesneg. 'Nes i ei gwatsiad hi yma, a dwi wedi'i recordio hi ar Sky i fynd yn ôl ati. Does yna ddim llawer o ddim byd Cymraeg arall yma. Mi faswn i wrth fy modd os fyddai stwff S4C ar Netflix. Pan oedd Twm yn fychan, mi wnaeth fy chwaer yrru pethau Tecwyn y Tractor yma ac mae o wedi gwylio'r rheiny nes eu bod nhw wedi mynd yn ddim! Ond roedd o'n siarad Cymraeg bryd hynny. Mae'n dal i ddallt bob gair o Gymraeg a dim ond Cymraeg fydda i'n siarad efo fo. Fy ngobaith i, wrth iddo fynd yn hŷn, ydi y daw o i siarad mwy o Gymraeg efo fi. 'Nes i fynd â fo i Gymru pan oedd o'n 11 mis oed, ond dydi o'n cofio dim am hynny. Dwi'n meddwl y gwna i aros a mynd â fo pan fydd o tua 12 oed nesaf, pan fydd o'n cofio'n well.

A oes gennych chi ychydig o gysylltiadau'n dal i fod efo Cymru?

Mae gen i genod o sir Fôn yma efo fi heddiw. Do'n i ddim yn eu hadnabod nhw o'r blaen, ond mae'r tŷ 'ma fel *Welsh Embassy of New Zealand*! Mae gen i gysylltiad efo fy chwaer a'i phlant hefyd, ond ar ôl i Mam farw, mae'n beth od. Roedd Mam yn ffonio bob wythnos, a phan fuodd hi farw, roedd o fel torri'r cysylltiad efo siswrn. Dim ein bod ni wedi ffraeo, ond Mam ... Roedd hi wedi cael ffôn symudol, ac os nad oedd hi wedi ffonio bob wythnos i ddeg diwrnod, roedd yna rywbeth yn matar, 'de!

O ran gwlad a phobl, ydych chi'n teimlo bod yna debygrwydd rhwng Cymru a Seland Newydd?

Mae'r tebygrwydd yn od! Y defaid, y ffordd wledig – 'dan ni yng nghanol y wlad yma. Y dref agosaf, mae hi'n ddeugain munud i ffwrdd. Yma mae'r dafarn agosaf ddeuddeg milltir i ffwrdd – drwy chwe phentref yng Nghymru, yndê!

YSGOL SADWRN

Sefydlwyd Ysgol Sadwrn ym Mehefin 2023 gyda'r weledigaeth o gynnig dosbarthiadau Cymraeg i blant gan greu cymuned Gymreig o blant ar draws y byd.

Cynigir gwersi mewn dosbarthiadau byw ar-lein gydag athrawon arbenigol er mwyn creu amgylchedd deinamig i ddysgu sgiliau iaith, datblygu hyder ac ymwybyddiaeth ddiwylliannol o Gymru a Chymreictod. Wrth ryngweithio â chyfoedion, maent yn ennyn cymhelliant, meithrin galluoedd cyfathrebu a dathlu cyflawniadau'i gilydd. Daw'r plantos at ei gilydd o bum cyfandir – o Seland Newydd i Frasil, o Hong Kong i UDA ac ar draws Ewrop yn un teulu bach cytûn. Am gymryd rhan? Yna cysylltwch â:

sioned.rees-jones@ysgolsadwrn.cymru